朝鮮王朝科舉史料

劉海峰 張文達 主編

QIAONAN KEBANGLU

嶠南科榜錄

①

GUANGXI NORMAL UNIVERSITY PRESS
广西师范大学出版社

圖書在版編目（CIP）數據

嶠南科榜録 / 劉海峰，張文達主編. --桂林 ：廣西師範大學出版社，2021.10
（朝鮮王朝科舉史料）
ISBN 978-7-5598-4273-2

Ⅰ. ①嶠… Ⅱ. ①劉… ②張… Ⅲ. ①科舉制度－史料－朝鮮－古代 Ⅳ. ①D731.203.1

中國版本圖書館 CIP 數據核字（2021）第 193860 號

廣西師範大學出版社發行
（廣西桂林市五里店路 9 號　郵政編碼：541004
網址：http://www.bbtpress.com）
出版人：黄軒莊
全國新華書店經銷
三河弘翰印務有限公司印刷
（河北省三河市黄土莊鎮二百户村北　郵政編碼：065200）
開本：787 mm × 1 092 mm　1/16
印張：84.5　　字數：1 352 千
2021 年 10 月第 1 版　　2021 年 10 月第 1 次印刷
定價：2700.00 元（全 3 册）

序言

科舉是中國發明的傳統社會選拔官員的考試制度，曾被日本、韓國、越南等周邊國家所仿效。韓國歷史上的科舉是中國域外實行時間最長，也最爲完備的科舉制度。從公元九五八年起至一八九四年止，科舉制在韓國歷史上存在了九百三十六年。

早在公元九世紀初，朝鮮半島還處於三國朝代時，新羅入唐留學生便十分嚮往中國的科第名物。趙在三所著《松南雜識·科舉類》在『東人唐第』條中說：『唐長慶初，有金雲卿者，始以新羅賓貢。又金夷魚、金可紀、崔致遠、朴仁範、金渥皆登唐第。』從長慶元年（八二一年）金雲卿中賓貢進士開始，新羅人登中國朝廷科第者絡繹不絕，至唐末前後有五十八人，登五代梁、唐科第者又有三十一人。這些賓貢及第者中不乏才學之士，其中《桂苑筆耕集》的作者崔致遠尤爲知名。不少人在及第東歸後，對傳播中國文化起了重要作用。

公元九三六年，朝鮮半島統一，建立了高麗國。高麗光宗九年（九五八年），光宗聽取後周出使高麗並留任爲官的中國謀士雙冀的建議，借鑒唐代科舉，建立了高麗的科舉制度。朝鮮史籍《增補文獻備考》卷一百八十四《選舉考·科制》載：『高麗光宗九年，命翰林學士雙冀知貢舉，試以詩、賦、頌及時務策，取進士，兼取醫卜等業。御威鳳樓放榜，賜甲科崔暹等二人、明經三人、卜業二人及第。自是取人之法，專在科舉。逐年取士無定數。其法大抵皆襲唐制。冀屢典貢舉，獎勸後學，文風始興。』

從此以後，高麗王朝科舉制度逐漸發展，走向興盛。高麗科舉，總體上模仿中國，設有制述業（即進士科），明經、明法、明書、明算業（科），並以制述業爲主。制述業與明經業的考試内容是詩賦與經文之類，而且所用教材也是中國的儒家經典。考試形式與中國類似，禮部侍郎周起並於顯宗二年（一〇一一年）奏定『糊名試』式，於文宗十六年（一〇六二年）全面實行『封彌之法』。高麗王朝也有金行成等九人在中國宋朝賓貢及第，張良壽在金朝賓貢及第，金祿等二十人在元朝賓貢及第，金濤在明洪武四年（一三七一年）獲三甲第六名進士。

洪武四年，明太祖朱元璋遣使到高麗頒科舉詔。《高麗史》卷七十四《選舉志》載：『大明頒科舉詔，令就本國鄉試，貢赴京師至會試，不拘員數選取。』高麗科舉鄉會試程式一依明制，第一場試五經義，限五百字以上，四書疑，限三百字以上；第二場試禮樂論，限三百字以上；第三場試時務策，限一千字以上。惟務直述，不尚文藻。中式後復以『書』『算』『律』試之，『書』則觀其筆劃端楷，『算』則觀其乘除明白，『律』則聽其講解詳審。與中國各代科舉類似，高麗科舉也出現了利弊兼具、由盛而衰的情況。『其立法定制之初，養育之方、選取之制、銓注之法，井然有條。累世子孫，憑藉而維持之。東方文物之盛，擬諸中華。自權臣私置政房，政以賄成，銓法大壞，而科目取士，亦從而泛濫。於是黑册之謗、粉紅之誚，傳播一時，而高麗之業衰矣。』[一]

高麗王朝科舉基本上是模仿唐宋科舉制度，而朝鮮王朝（李朝）科舉制則是借鑒元明科舉制的産物。《嶠南科榜録》序文便説：『我東文化之盛，殆邁漢唐而侔周宋，無愧「小華」之稱。而設科取士，一遵元明制度，把作一代成憲。』李朝太祖元年（一三九二年）取代高麗王朝統治朝鮮半島後，立即定科舉法，初場罷『四書疑』和『五經義』，改試講論，目的是『抑詞章蹈襲之弊而務得窮經實學之士』，但實行數科之後，實踐證明這並不能選拔到『經學杰出之才』，於是太宗七年（一四〇七年）吉昌君權近上書請改定科制，罷講論而復試疑義，並乞中場罷古賦而試以論、表各一道及判一道。權近還認爲『漢吏之文，事大要務，不可

[一]《高麗史》卷二十七《選舉志》序。

不重』，建議設立考試詩賦、吏文、經典、漢語的『漢吏科』，與正科同榜唱名。[一]李朝還擴大生員進士試的規模，並仿《禮記·王制》的古語，稱生員進士爲『司馬』。

韓國歷史上的科舉制度是中國域外科舉制度的典範，其開科的頻率和録取的比例比中國科舉更甚。高麗王朝中葉以後一般是三年一試，每科取三十三人，李朝將三年一試稱爲『式年試』，屬於『大比之科』，通常録取人數也是三十三名，後期式年試録取人數常達四十至五十名。式年試除了在世祖二年（一四五六年）和處於戰亂的宣祖二十七年（一五九四年）、宣祖三十年（一五九七年）以及仁祖十四年（一六三六年）停辦之外，在其他年份無一例外全都實行過。直到高宗三十一年（一八九四年）朝鮮王朝廢除科舉制止，總共實行了一百六十五次式年試。

除了式年試，朝鮮時代還實行過奉王命而實行的特别考試，根據需要臨時加科，稱爲『别試』，相當於中國明清時期的恩科。凡遇皇帝登基、行幸、萬壽，太妃附太廟稱慶，册封世子、世子行冠禮、世子入學稱慶等慶典都開别試，别試雖然在朝鮮初期實行次數較少，但是之後實行次數逐漸增加，到了十五世紀後期其實行次數已經超過了式年試。整個朝鮮時代總共實行了五百八十三次特别考試，達到了式年試的三點五倍。最初，由於特别考試是由皇帝親自主持，所以也被稱爲『親試』。但是没過多久，爲了與式年試相區别，就把特别考試稱爲『别試』，並且在考試形式上賦予許多變化，因此産生了多種多樣的考試。英祖二十二年（一七四六年）編輯出版的《續大典》里，科舉考試除了式年試，還有别試、增廣試、謁聖試、廷試、春塘臺試、外方别科等多種形式。[二]這些式年試以外的科目少則録取三名，多則録取四十餘名，通常録取人數爲十餘名。朝鮮名儒丁茶山曾指出：『中國以十三省之廣，會試取士，多不過三百餘人，少則三十餘人，上至唐宋，下逮皇明，其例皆然。我邦幅員不及中國之二省，乃會試取士，及第三十三人，進士二百人，亦已過矣。况增廣、别試、廷試、謁聖，或連年不斷，或一年再舉，

[一] 朝鮮《太宗實録》卷十三，太宗七年三月戊寅條，朝鮮漢文古籍本。
[二] 朴賢淳：《朝鮮前期的别試》，見劉海峰、胡宏偉主編《科舉學的歷史價值與現代意義》，華中師範大學出版社，二〇一六年，第四百八十六頁。

及第出身者，彌滿國中。』[一]

李朝的科舉甚至比明清時期的中國還更爲頻仍，幾乎每年都開科，在社會上占據核心地位。宣祖十七年（一五八四年），李珥指出：『今世以科舉取士，雖有通天之學，絶人之行，非科舉無由而進於行道之位。故父教其子，兄教其弟，科舉之外，更無他術。』[二]

李朝的科舉達到了十分興盛的程度。『國家用人之道，只在於科舉。』[三]韓國歷史上科舉的地位甚至不亞於科舉在中國社會上的地位。在中國明代，科舉已被人們視爲天下最公平的一種人才選拔制度，因而有『科舉，天下之公；科舉而私，何事爲公』之説。[四]萬曆十七年（一五八九年），禮部郎中高桂説：『我朝二百年公道，賴有科場一事。』[五]而李朝在光海君統治期間，也有『我國公道，唯在科舉』之説。[六]

但是，由於科舉頻繁等原因，李朝也出現不少與中國科舉類似的弊病，有的大臣認爲科舉常開不但爲國家之巨弊，也妨礙士子著實用功，使業不專一。李朝有許多大臣也先後提出科制改革方案，或提出『科薦合一説』，即實行考試與推薦結合的辦法，朝廷也曾頒布過『科弊綸音』『科場救弊節目』，采取一些改革措施，但終究無法根除科舉制固有的局限性。當然也不時有關於科舉存廢利弊的争論，『今計我東科舉之法，與中華不同者十：一、不舉而赴，士無定額也。二、學政無官，教授不豫也。三、大小异等，肄業不專也。四、軍技取準，幸占難禁也。五、晷刻太緩，借述有暇也。六、考選不精，私意横流也。七、試卷不頒，

[一] 丁若鏞：《經世遺表》卷十五，漢城：民文庫，一九七七年。
[二] 《增補文獻備考》卷一百八十七《選舉考·科制》四，漢城：東國文化社，一九六四年。
[三] 鄭尚驥：《農圃問答》之《定科規用薦辟》，朝鮮漢文古籍本。
[四] 張萱：《西園聞見録》卷四十四《禮部》三《選舉·科場》所載萬曆初年御史魏允貞言。見《續修四庫全書》一千一百六十九册，上海古籍出版社，一九九九年。
[五] 《弇山堂别集》卷八十四《科試考》四，中華書局，一九八五年。
[六] 《增補文獻備考》卷一百八十七《選舉考·科制》四，漢城：東國文化社，一九六四年。

近來科弊，難以毛擧』的説法，因此不斷有人提出改革建議。[一] 韓國歷史上甚至有『近功罪難驗也。八、雜試頻數，修業無日也。九、慶科連疊，幸門以啓也。十、明經爲主，選用殊歧也。』

不過，科擧制在選拔人才方面自有其先進性和合理性。韓國學者李成茂指出：『隨着官僚制度的發展，在仕宦途中漸漸形成了一道阻止常人晋升的堅固長城，而科擧則是助人突破這道長城升至高位的促進劑。科擧的這種獨特作用不以某個權勢人物或某種權力機構所左右，它依靠考試制度客觀地發揮着其作用，可以説這是科擧制度的一大長處。』[二] 當時人們也認爲『私門塞而公道開，浮華斥而真儒出』。[三] 所以，儘管不時出現改革甚至廢止科擧的呼聲，但科擧制仍在朝鮮半島長期延續。

與科擧在中國的命運類似，李朝末年，科擧日益走向衰敗，不斷受到人們的抨擊，在内憂外患的壓迫下，李朝科擧更是處於風雨飄摇之中。高宗三十一年，日本侵略朝鮮，並爆發了中日甲午戰爭。李朝科擧制遭到日本入侵的沉重打擊。該年七月，軍國機務處啓：『科文取士，係是朝家定制，而難以虚文取用實才。科擧之法，奏蒙上裁變通後，另定選擧條例。』[四]

高宗皇帝在此情況下，不得不允准停罷了科擧制。這樣，從公元九五八年開始設立的科擧制，到一八九四年走完了九百三十六年的歷程，比科擧制的祖先中國早十一年終結。如果不是因爲日本的壓迫，朝鮮科擧應該還會延續一段時間。

科擧在韓國歷史上的地位非常重要。士子一旦科擧成功，便能光宗耀祖。韓國近千年科擧史上留下了許多『文科榜目』或『司馬榜目』『雜科榜目』一類的科擧録，一九九八年漢語大詞典出版社出版的《中國所藏高麗古籍綜録》，便録有二十八種科擧榜目（主要是司馬榜目）；韓國學者李成茂一九九七年於民音社出版的《韓國科擧制度史》一書中『科擧古文書』一節，列有韓國現存的『雜科』『譯科』等單科榜目三十四種以及一五一九年至一八八二年之間的六十六種文、武科榜目，而且這還基本

[一] 丁若鏞：《經世遺表》卷十五，漢城：民文庫，一九九七年。
[二] [韓]李成茂著，張璉瑰譯：《高麗朝鮮兩朝的科擧制度》，北京大學出版社，一九九三年，第一百四十三—一百四十四頁。
[三] 鄭道傳：《三峰集》卷十三《貢擧論》。見《韓國文集叢刊》，漢城：韓國文集叢刊編委會，二〇〇三年。
[四] 《增補文獻備考》卷一百八十八《選擧考·科制》五，漢城：東國文化社，一九六四年。

上不包括司馬榜目。除了全國性的榜目，還有一些地區性的榜目或者科第録，《嶠南科榜録》就是其中比較著名的一種。類似於中國明代的《國朝河南進士名録》《皇明吉安進士録》，清代的《國朝湖州府科第表》《國朝蘇州府長元吴三邑科第譜》《虞陽科名録》，《嶠南科榜録》專門收録朝鮮嶠南一省歷朝科舉人物名録。

之所以會編印《嶠南科榜録》，權寧國在序文中説是因爲各種榜目『藏在王府，秘而不傳，遐方後生，無從而影響，可勝惜哉』，有關人士從京師得原本來付印。《嶠南科榜録》包含『龍榜』（即文科榜目）、『虎榜』（即武舉榜目）、『司馬榜』，以及附録中實際上不屬於科舉録的『襲蔭』『世講』等内容。榜目的内容，記載了各科名稱及相關事件、等級和録取人數，嶠南省中榜者姓名、字行大小、父祖名字、本人小傳等。此書記載韓國嶠南省的科舉人物相當詳盡，對了解韓國地方科舉盛衰、民間重視科第人物的情況，提供了具體而翔實的材料。現在，廣西師範大學出版社將此書影印出版，對中國讀者知曉韓國科舉和科舉文獻的一個側面，頗具價值。

劉海峰

二〇二一年六月一日

前言

我在數年之前收藏到一套十卷的《嶠南科榜録》。非常高興，這套《嶠南科榜録》作爲『朝鮮王朝科舉史料』之一，由廣西師範大學出版社影印出版。作爲一名畢業於理工科專業，现在从事知識産權代理的科舉文獻收藏者，我在此分享一下我和《嶠南科榜録》之間的淵源。

我的祖籍是山西五臺縣，我的九世祖張慶升是清代光緒年間的武舉人，在光緒年間刊印的《五臺新志》中有记載。我的本族曾祖父張淑琳在清末遠赴西安參加光緒二十九年（一九〇三年）癸卯科鄉試，得中舉人。五臺縣在清代的科名雖然不算突出，但是出現過道光六年進士、晚清名臣徐繼畬，他是《瀛寰志略》的作者，被稱爲『近代正眼看世界第一人』。

在工作后，我逐渐對中國古代的科舉制度産生了濃厚的興趣。在收藏和研究中國科舉史料的同時，我注意到曾經深受古代中國影響的日本、朝鮮、越南等國的人才選拔制度。在这个过程中，我認識一位多年經營古籍書店、因首次發現李自成大順政權頒布的《大順律》而聞名遐邇的書友，並從他手里購買到了這套《嶠南科榜録》。

中國和朝鮮半島在歷史上的交往和互動，可謂源遠流長，影響深遠，在科舉方面也有着同樣悠久的歷史和豐富的遺産。科舉制度在中國自隋朝大業元年（六〇五年）開始實行，到清朝光緒三十一年（一九〇五年）廢止，歷時一千三百年。在朝鮮半島上的科舉考試從高麗王朝光宗九年（九五八年）開始實行，一直到一八九四年廢止，也有九百多年的歷史。

《嶠南科榜録》編者爲柳東濬、鄭東轍等人，初刻於一九三八年，此后未见重印或整理出版。嶠南即今天韓國的慶尚道，《嶠南科榜録》收録了嶠南自朝鲜李朝太祖壬申年（一三九二年）至高宗丙午年（一九〇六年）之間的所有科榜名單，雖爲一省之科榜録，但是對於朝鮮科舉史、地域文化史有着重要的文獻價值。《嶠南科榜録》的影印出版，也必將對朝鮮王朝科舉史、教育史、制度史等方面，以及对中國科舉制度對世界的影響、中国与朝鲜半島的交往等方面的研究，起到重大的促進作用。

獨樂樂，不如與衆樂！隨着收藏的科舉史料日漸豐富，我進行過一些宣传工作，比如在山西省圖書館舉辦科舉史料展覽，参加科举专题的电视节目访谈，將科舉文獻在书刊上點校發表，在報刊上撰寫关于科舉的普及性文章，以期这些珍貴的科舉史料化私藏爲公用。通过將這套《嶠南科榜録》在廣西師範大學出版社影印出版，期待中韩两国學者能够發掘出《嶠南科榜録》的更多價值，利用此書中的诸多史料撰寫出有學術分量的研究文章。

在此書即將出版之際，我想感謝一下我的父親張光榮先生。他爲本書的出版提供了很多寶貴的意見，並給予了很多的鼓勵和幫助。

五臺張文達

二〇二一年五月三十日於崇德齋

出版説明

『科舉』是整個東亞地區許多國家文化史中的關鍵詞，其在朝鮮王朝，即是九百多年間朝廷選人任官的首要方式，階層因之升降，風氣由是轉移，影響之宏深遠著，自不待多言而可知。發源於中國的科舉制，移置國外又有何種生發變化，對雙方政治制度、社會文化等都是一個極佳的鏡像參照，很有研究價值。朝鮮王朝的科舉制就是中國科舉對東亞諸國文化影響中非常值得討論的一個範例。

朝鮮王朝實行近千年的科舉制留下了許多『文科榜目』『司馬榜目』『雜科榜目』一類的科舉録，向來是治科舉學的必要史料。《嶠南科榜録》是朝鮮王朝嶠南地區（又名嶺南，即今慶尚南、北兩道地區的統稱）的科舉人物名録，朝鮮王朝士子李玹鎬和權五煥憂其藏在王府，外界不得其傳，遂而聯合同志，奔走京師，搜討原本。傳世不多，允稱難得。又，據《嶠南科榜録編輯時派任録》可知，此書是柳東濬、鄭東轍等人編著；前有柔兆困敦（一九三六年）永嘉權寧國序。全書厘爲十卷（龍榜三卷、虎榜一卷、司馬榜一卷、附録三卷、世講篇一卷、補遺篇一卷），本次影印出版，編爲三册。綜其内容與史料價值，本書特點主要體現在如下兩個方面：

一、本書爲朝鮮王朝嶠南地區的地方性科舉文獻，範圍廣泛，材料翔實。謂其『範圍廣泛』，是因此書時間上始太祖壬申（一三九二年），下至高宗丙午（一九〇六年），跨度幾與李氏王朝等長，涉及嶠南地區進士千餘人；謂其『材料翔實』，是因此書在各家名下補其字、號、籍貫與職位等信息，有的徑可視爲人物小傳，每科並記試官姓名或試題内容。《補遺篇》中，不止查漏補缺，亦有勘正糾誤，遂使全書詳而可信、信而有徵，堪稱同類史料中的珍品。

二、本書除收録『龍榜』『虎榜』『司馬榜』外，還附有看上去不屬於科舉録的『蔭仕』（『襲蔭』『逸蔭』『薦蔭』『行蔭』『資蔭』）、『壽職』、『增職』、『世講』等内容。通常來講，蔭仕制度是統治階層出於政治需要而賦予皇親國戚、權貴大臣及其子孫外戚的一項特權，直接關係到了社會階層的等級性與流動性，世講亦牽涉兩姓子孫共同講學之事，也是社會關係的一種集中體現。它們的著録就爲『龍榜』『虎榜』『司馬榜』中横嚮的進士群體連結提供了縱嚮貫通的可能。對學術研究而言，本書所收録的内容實屬難能可貴的材料。

總的來説，《嶠南科榜録》反映了朝鮮王朝嶠南地區的科舉歷史，也爲後人保留了大量珍貴的人物資料，無論是對朝鮮王朝的科舉制研究，還是對中國的科舉制研究，抑或兩國之間文化與制度的交互研究，都極具文獻參考價值。希望本書的出版，能够進一步推動相關學術研究的深入和細化。

本書出版者

二〇二一年五月

總目録

第一册目録

嶠南科榜錄序文

周禮大司徒以鄉三物教萬民而賓興之後世擧子之法實基於此漢之策唐之律宋之經因時損益所尙不同而其歸一也我東文化之盛殆邁漢唐而侔周宋無愧爲小華之稱而設科取士一遵元明制度把作一代成憲窮經邃學之士莫不爭趍共赴惟恐或後以其爲功名由是而立事業由是而成凡光祖考而顯門戶者皆從這裡做出來而不得於此則才莫能展志莫能逐道莫能行而終身坎壈名湮沒而無稱故也於乎世之有治亂天之行也而刧灰一翻萬事異昔所謂先王之風者於此焉變而蓮桂浮榮遽作曇花幻影所可以參前而徵後者只有榜眼而藏在王府秘而不傳遐方後生無從而影響可勝惜哉李君㦸鎬家兒五煥常爲是之慨然遂合同志議走京師得原本付之以蔭仕贈官壽職等目將印廣於世其意甚可嘉也但不能合全國而只止一省雖若可恨然苟如是則

徒弊歲月而終無成也必矣勢不獲不然耳編旣就以余有支㬥之癖堅托其勘校之役且請爲弁首之文顧此白面腐淺固非其人而略叙憾慨之衷用寓風泉之思云爾

柔兆困敦淸明節永嘉權寧國謹序

柔兆（병）困敦（자）년（1936年）

凡例

一篇名以嶠南科榜錄者不徧全國只止一省取焉

一龍榜一依榜中序次不敢增删而或本家未入單處亦不敢懸註以附春秋闕疑之義

一虎榜司馬榜榜目浩大不能盡錄故只憑本單編入焉

一蔭仕雖非榜目所載然先輩立揚多出此路則全闕不錄實屬欠缺故並附于篇末而中上古則世代寖遠文獻散逸只據本單入錄覽者原焉

一蔭仕有名同實異者故序次不計生年早晚分門類編

一襲蔭考諸通典不祧祀孫及累世名門家有世襲封爵之例故以是爲準

一遺蔭隱德山林名入 聖聰特徵登庸者爲準

一薦蔭有學行孝行顯登剡薦者爲準

一行蔭以實職行公爲準

一資蔭只有資而未實踐者且自官制變更後雖有實踐者官名異昔故

隨舊階錄入

一壽職通典有官爵者七十以上士庶人八十以上特授之例而近古以

來勿論官庶未滿年數者亦多授職故八十以上依舊典入錄于持恩

篇

一贈職不計生卒序次而只依受爵爾朝先後

一年限自太祖壬申至高宗丙午

一世講篇榜中先輩既而備載則獨漏于姓似屬欠商故單主芳名編成

一册而隱然爲全省姓氏篇

嶠南科榜録　龍榜

卷之一至二

嶠南科榜錄龍榜卷之一目錄

太祖癸酉式年三十三人　同進士二十三人
丙子式年三十三人　同進士二十三人
定宗己卯式年三十三人　同進士二十三人
太宗辛巳增廣三十三人　同進士二十三人
壬午式年三十三人　同進士二十三人
乙酉式年三十三人　同進士二十三人
丁亥重試十人
戊子式年三十三人　同進士二十三人
辛卯式年三十三人　同進士二十三人
甲午式年三十三人　同進士三十人
同年謁聖二十六人　同進士十六人

丙申親試九人

同年重試五人

丁酉式年三十三人　同進士二十三人

世宗己亥增廣三十三人　同進士二十三人

庚子式年三十三人　同進士二十三人

癸卯式年三十二人　同進士二十二人

丙午式年三十四人　同進士二十四人

丁未親試二十人　同進士十人

同年重試十二人

己酉式年三十三人　同進士二十三人

同年謁聖三人

壬子式年三十三人　同進士二十三人

甲寅謁聖二十五人　同進士十五人

乙卯式年三十四人　同進士二十四人

丙辰親試九人　同進士四人

同年重試十二人

戊午式年三十四人

己未親試十八

辛酉式年三十三人

壬戌親試八人

甲子式年三十四人

丁卯式年三十三人

同年親試二十六人

同年重試十九人

文宗庚午式年三十三人
辛未增廣四十人
端宗癸酉增廣四十人
同年式年三十三人
甲戌增廣三十三人
世祖丙子式年三十三人
丁丑別試十三人
同年重試二十一人
同年別試十三人
戊寅謁聖五人
己卯式年三十三人
庚辰別試四人

同年登俊試十二人

戊子溫陽別試四人

同年重試五人

同年式年三十三人

睿宗己丑增廣二十三人

成宗庚寅別試十六人

辛卯別試九人

壬辰式年三十三人

甲午式年三十三人

乙未謁聖二十人

丙申別試十三人

同年重試十人

丙午式年三十三人
同年重試八人
丁未別試五人
戊申別試四人
己酉式年三十三人
庚戌別試十人
辛亥別試六人
壬子式年三十三人
同年別試十四人
甲寅別試二十二人
燕山乙卯增廣三十三人
丙辰式年三十三人

丁卯增廣三十六人
同年式年三十三人
同年重試六人
戊辰謁聖三人
己巳別試十七人
庚午式年三十三人
辛未別試十六人
癸酉別試十人
同年式年三十三人
甲戌別試四人
同年別試二十一人
乙亥別試十五人

丙子式年三十三人
同年別試十一人
同年重試三人
丁丑別試十八人
己卯式年二十九人
同年賢良試二十八人　內一人更登他科
同年別試十九人
庚辰別試十一人
辛巳別試十八人
壬午式年三十三人
同年別試七人
癸未謁聖四人

甲申謁聖三十人
乙酉式年三十三人
丙戌別試十三人
同年重試八人
戊子別試三十三人
同年別試十九人
同年別試三人
辛卯式年三十三人
壬辰庭試五人
同年別試八人
癸巳別試十四人
甲午式年二十六人

同年謁聖八人 內一人削

乙未別試十一人

同年松都別試三人

同年謁聖七人

丙申別試七人

同年重試五人

同年庭試四人

丁酉式年二十七人

同年別試九人

戊戌謁聖八人

同年別試十五人

同年擢英試十二人

己亥別試十三人
同年別試六人
庚子式年三十三人
同年別試十九人
辛丑謁聖五人
壬寅庭試四人
癸卯式年三十三人
甲辰別試二十三人
明宗丙午增廣三十三人
同年式年三十三人
同年重試十人
丁未謁聖六人

戊申別試二十二人
己酉式年三十四人
辛亥謁聖五人
壬子式年三十六人
癸丑別試四十一人
同年庭試四人
乙卯式年三十三人
丙辰別試十二人
同年重試九人
同年謁聖六人
戊午別試十一人
同年式年三十五人

己未庭試十二人
庚申別試十八人
辛酉式年三十六人
壬戌別試二十五人
癸亥謁聖四人
甲子式年三十三人
同年別試十二人
乙丑謁聖四人
丙寅別試十七人
同年重試六人
宣祖丁卯式年三十三人
戊辰增廣三十三人

己巳謁聖七人
同年別試十六人
庚午式年三十四人 内一人削
壬申春塘臺十五人
同年別試十六人
同年別試二十人
癸酉式年三十四人
同年謁聖七人
甲戌別試十五人
丙子式年三十四人
同年別試十九人
同年重試六人

丁丑謁聖十五人

同年別試十七人

己卯式年三十四人

庚辰謁聖十二人

同年別試二十七人

壬午式年三十五人

癸未謁聖十二人

同年別試三十三人

同年庭試十人

甲申春塘臺四人

同年別試十八

乙酉式年三十三人

同年別試十二人
丙戌謁聖九人　內二人削
同年別試十四人
同年重試六人
戊子式年三十四人
同年謁聖十一人
宣祖己丑增廣三十四人
庚寅增廣四十人
辛卯式年三十四人
同年別試十五人
壬辰義州別試四人
癸巳全州別試九人

甲午庭試十三人
同年庭試十人
同年別試十九人
乙未海州別試三人
同年別試十五人
丙申庭試二十人 内一人削
丁酉別試十九人
同年重試五人
同年庭試九人
同年謁聖八人
己亥庭試十八人 内一人削
同年別試十六人

庚子別試十六人 内一人削
辛丑式年三十四人
壬寅謁聖五人
同年別試十一人
癸卯庭試十人
同年式年三十三人
乙巳增廣三十三人
同年庭試七人 内一人追付甲子別試
同年別試十二人
丙午增廣三十六人
同年式年三十三人
光海戊申別試十四人

同年重試九人

己酉增廣三十三人

庚戌式年三十三人

同年謁聖七人

同年別試二十人 內一人削

辛亥別試十三人

壬子式年三十五人

同年增廣三十三人

癸丑謁聖六人

同年增廣四十二人 內一人削

甲寅全州別試四人

乙卯式年三十三人 內一人削

同年謁聖八人

丙辰增廣四十一人 內一人削

同年謁聖十人 內二人削

同年別試二十七人 內二人削

同年重試七人 內一人削

丁巳謁聖五人

戊午庭試六人

同年增廣四十人

己未水原松都別試四人

同年謁聖三人

同年庭試三人

庚申庭試十五人

辛酉庭試十一人

同年謁聖九人 内一人削

同年別試四十人 十一人癸亥改試登第二十九人削

太祖朝二榜六十六人

定宗朝一榜三十三人

太宗朝九榜二百六十六人

重試二榜十五人

世宗朝十八榜四百六十七人

重試三榜四十三人

文宗朝二榜七十三人

端宗朝三榜一百六人

世祖朝十八榜二百八人

重試三榜四十一人

拔英試一榜四十人
登俊試一榜十二人
睿宗朝一榜三十三人
成宗朝二十五榜四百四十六人
重試三榜二十三人
進賢試一榜四人
燕山時十二榜二百五十一人
重試一榜十人
中宗朝五十三榜八百九十六人
重試四榜三十二人
擢英試一榜十二人
明宗朝二十三榜四百七十二人

重試三榜二十五人
宣祖朝五十八榜一千一百六人
重試三榜十七人
光海時二十五榜四百四十六人
重試二榜十五人
都合二百四十九榜四千八百六十九人
重試合二十八榜二百六十九人

嶠南科榜錄龍榜卷之一目錄終

嶠南科榜錄龍榜卷之一

太祖二年癸酉春式年榜 知貢擧判三司偰長壽同知貢擧政堂文學李元紘

乙科三人

丙科七人

丙子式年榜 知貢擧左政丞趙浚同知貢擧判三司鄭道傳

乙科三人

丙科七人

金益精 號雲庵官吏叅父檢校休忠烈公方慶后貫安東居玄風 序一

琴柔 父克諧貫奉化 序二

河演 字淵亮號敬齊生丙辰官領相謚文孝配文宗廟享新川院父兵判自宗司直孫后貫晋州居晋州 序四

殷汝霖 號月潭官吏判謚文翼父叅議長孫直提學莘尹孫貫幸州居仁同 序六

定宗元年己卯式年榜 知貢擧驪興伯閔霽

乙科三人

田可植 父畝 貫南平 序一

丙科七人

金恒復 父遂 貫尙州

太宗元年辛巳增廣榜 知貢舉領三司河崙 序七

乙科三人

丙科七人

朴瑞生 字汝祥號栗亭官大憲享龜川院父漸貫比安居比安 序三

裵桓 號洛巖官觀察父瞻兵判尙志興海君詮孫護軍榮 至會孫武烈公玄慶后貫興海居安東 序六

壬午式年榜 知貢舉叅贊權近同知貢舉叅議李詹

乙科三人

河澹 號拱北亭官郡守父門下評理之伯主簿成后貫晋州 居善山 序二

丙科七人

乙酉式年榜

乙科三人

鄭招　父熙　貫河東　序二

丙科七人

金尙直　官副提學　父兵議謙　貫商山居尙州　序一

李安柔　字而立　號西坡　官獻納　享求仁祠　父大提學釋之文貞公　大榮后　貫永川　居永川　序六

丁亥四月重試榜

乙科一等三人

卞季良　字巨卿　號春亭　官贊成　謚文肅　享屛岩院　父領中樞圭鸞　貫密陽　居大邱　序一

朴瑞生　見辛巳增廣　序三

乙科二等七人

鄭招　見乙酉式年　序四

戊子三月式年榜　知貢擧吏判李　稷同知貢擧兵判柳　亮

乙科三人

魚變甲　字子先號綿谷生辛酉官直提學　贈左贊成享綿谷院
父　贈兵判　淵貫咸從居咸安　序一

丙科七人

朴融　字惟明號憂堂官郡守錄淸白吏享德南院父　贈左相
翊密城君彦孚后貫密陽居慶州　序二

辛卯四月式年榜　開場于慶會樓下策天人相感之理　知
貢擧領相河　崙同知貢擧左相成石磷

乙科三人

裵閏　字而餘官直提學父大諫　規判書　晋孫貫星山居星
州　序二

韓卷　字可舒號儒仙生丙寅官校理父贊成　雍平章事　銳
后貫谷山居慶州　序三

丙科七人

權偲　號炭翁生丙寅官寶文直學　贈執義父縣監　陞領同
正度孫瑞州事時中曾孫貫安東居安東序六

甲午式年榜 倣元朝科規始稱一二三等 親策慶會樓下親
定壯元 殿策天人相感之道試官領相河崙

乙科一等三人

同年七月謁聖榜 上幸太學親策時務試官領相河崙 策
知人任人

乙科一等三人

安 止 字一之號皐隱官左贊成諡文靖享早谷院父兵判士宗
文成公裕后貫耽津 序二

乙科二等七人

權克和 父 參 貫安東 序二

皇甫仁 字四兼號芝齊官領相諡忠定配成仁壇父巡問使 琳
貫永川居永川 序四

丙申八月親試榜 重試對擧重試同題 策忠孝

乙科一等三人

乙科二等六人

鄭 苯 字子畏號愛日堂官右相諡忠莊配成仁壇父文定公以
吾貫晋陽居晋州 序四

同年八月重試榜 親臨

乙科一等二人

乙科二等三人

安止 見甲午謁聖

丁酉四月初八日式年榜 親臨慶會樓試文武知貢擧柳寬叅賛卞季良考試許稠朴訔

乙科三人

丙科七人

金墩 父七陽貫安東

世宗元年己亥四月初一日增廣榜 試官藝文大提學柳寬叅賛卞季良禮判許稠 序四 殿

試官左相朴訔禮判許稠

曺尙治 字治叔號靜齊官副提學謚忠貞享滄洲院父叅判信忠清白吏益清后貫昌寧居永川 序一

乙科三人

崔萬里　字子明生甲午官副提學父　贈吏判　荷判尹安海孫
文憲公冲后貫海州　序三

丙科七人

金叔滋　字子培號江湖官司藝　贈吏判謚文康享洛峯院父
琯貫善山居善山　序一

盧浩　父仁度貫善山　序六

庚午式年榜　試官左相李原禮判許稠　殿策務農禮
讓城郭水軍

乙科三人

丙科七人

安崇善　父純貫順興　序一

李承孫　官左賛成謚戊靖父中樞陽實貫永川居永川　序一

癸卯三月二十八日式年榜

乙科三人

丙科七人

李鳴謙 號地山齊官吏判父 贈吏判愼之文安公堅幹后貫碧珍居昌寧 序一

丙午四月十三日式年榜

乙科三人

丙科七人

丁未三月十四日親試榜 重試對學 策制田之方

乙科一等三人

乙科二等七人

盧叔仝 字和仲号松齊官大憲享道谷院父 焉貫豊川居咸陽 序二

南簡 父景文貫宜寧 序四

李孟專 字伯純號耕隱生 太祖壬申官翰林選淸白吏贈吏判謚靖簡享龍溪院父判書審之文安公堅幹后貫碧珍居善山 序五

同年三月十四日重試榜

乙科一等三人

乙科二等九人

權孟孫　官大提學謚齊平享鳳山院父　詳　貫醴泉居醴泉　序三

己酉四月初八日式年榜　試官藝提尹　淮　殿策

乙科三人

金安生　父孝貞　貫善山　序二

申　賁　父　維　貫殷豊　序三

丙科七人

李甫欽　字敬夫號大田　生太祖丁丑官府使　贈吏判謚忠莊
享松谷院父司直玄寶大學釋之后貫永川居永川序五

同年五月二十六日謁聖榜　試官判中樞許　稠　鑑○○贊成
權　近七月圖篇

乙科一人

丙科二人

嶠南科榜録卷之一

壬子四月十四日式年榜 殿策

乙科三人

金淳 父錫我 貫靈山 序二

丙科七人

甲寅三月十一日謁聖榜

乙科一等三人

乙等二等七人

朴彭年 字仁叟號醉琴軒官禮叅 贈吏判謚忠正享洛濱院 父 贈判書仲林貫順天居大邱 序六

乙科三等十五人

崔士老 父安善貫和順 序一

申枰 字衡夫號靜隱生庚午官正言父 贈左賛成包翅提學 德隣孫軍器監成用后貫高靈居高靈 序四

余孝溫 官兵佐父府使德潤禮判仲淹孫宋諫臣善才后貫宜寧 居龍宮 序五

鄭自英 官吏判諡文敬 父贈吏判之道 贈戶叅台瑞 孫忠簡
公可 侯后 貫野城 居盈德 序六

金長春 父紹 貫尙州 序十

乙卯四月十七日式年榜 殿策 宗學 戶口 戶牌 兵農

乙科三人

李咸寧 父師厚 貫星州 序二

丙科七人

盧普諧 (改善繩)字良弼 號東岳 官司諫 享東山院 父生員中生 貫
光州 居草溪 序三

丙辰四月十二日親試榜 讀卷官領府事黃喜 知中樞李孟
畇 吏判權蹈 對讀官副承旨金
墩 殿策 王若曰帝王爲治之道雖同而爲政之力非一
要皆厚倫成俗制冠安民而已若稽唐虞命契而敷五敎
命禹而征三苗當是時黎民於變比屋可封而有苗格化
干羽之舞七旬乃格舜之文德豈班師而始敷歟三代迭
興文質損益代各有治其詳有可言者歟可行於今日者
何事歟大小宗之法所以尊祖宗之義鄕飮酒之禮所以
明長幼之序也身以觀德投壺以治心周家之治煥乎有
文後世莫及者用此道也自周以前亦有行之者歟其所

以致雍熙泰和之治者何道歟薄伐獫狁詩人美之會戎
于潛春秋譏之聖人侍夷狄之道可見也已庸蜀羌髳與
會於孟津淮夷西戎雜處於東郊何歟降及後世曰漢曰
晉以迄于宋化民之政御戎之策孰得而孰失歟恭惟我
太祖受天景命 太宗嗣受鴻業文昭武烈無諱古昔
予以凉德纘承丕基夙夜憂勤罔敢或遑凡所施爲仰惟
前代時若何以使人知尊祖敬宗而宗子之法立何以使
人知長幼之序而鄉飲之禮行射者六藝之一而視爲武
士之事若之何則身義後毋投壺治身之具而徒爲豪俠
之戲若之何則攜矢合禮而賓主交敬歟〇〇南隣島夷
北連野人制御之方撫綏之策固當熟慮而審處之茲者
野人願居塞內島夷來處海濱若許其請則有違春秋謹
嚴之義拒而不納則有虧王者無外之仁將何而可乎大
夫博通古今於此數者講之熟矣其各悉心以對

乙科二人

丙科三人

同年四月十二日重試榜 同題

乙科一等三人

乙科二等四人

盧叔仝　見丁未親試　序二

乙科三等五人

柳孝川　父　汀　貫全州　序一

許詡　號一寧　生太宗庚寅官左參贊謚貞簡享花岩院父文敬公稠吏判綏后貫河陽居河陽　序三

盧晋諧　見乙卯式年　序五

戊午式年榜　始設進士試改同進士爲丁科始給白牌生進兩所始此試官判中樞許稠殿策王政捐益

乙科三人

河緯地　字仲章號丹溪生太宗壬辰官禮參贈吏判謚忠烈配端宗廟享彰烈祠父郡守澹主簿成后貫晋州居善山　序一

丙科七人

權季良　父　選　貫安東　序三

河紀地　官學諭配莊陵別壇父郡守澹主簿成后貫晋州居善山　序五

丁科二十四人

金漢啓 父永命 貫義城 序二

崔淵 貫金海 序七

丁夢吉 生太宗戊子 官戶叅 父典書斯湜 大陽君德盛后 貫羅州 居義城 序八

金震孫 字孟胤 生太宗丁亥 官副校理 父進士孝芬 忠簡公普曾孫 貫金海 居密陽 序十六

已未親試榜 命官右相申槩

乙科三人

丙科七人

辛酉式年榜 命官右相申槩 大提學權踶

乙科三人

丙科七人

金係熙 字晦叔 號退隱 生辛酉 官吏叅 父文科笄 生 貫金海 居金海 序二

金孟 字子進號南溪生 太宗庚寅官校理享栢洞祠父節孝公克一貫金海居淸道 序五

丁科二十三人

趙瑾 父末生貫楊州 序二

姜希顔 字景愚號仁齊官直學父碩德貫晉州居晉州 序十三

權恒 父湙貫安東 序二十一

壬戌親試榜 始令擧人講書先是專以製述取人故擧人徒事倂儷不讀經書至是始令講書定爲令甲

乙科三人

丙科五人

甲子式年榜

乙科三人

徐居正 字剛中號四佳官贊成謚文忠享龜岩院父牧使彌性貫達城居大邱 序三

丙科七人

泰有經 字叔衡 官禮議 父學令 浩 判官中吉 后 貫豊基 居豊基 序六

丁科二十四人

曺變隆 父尚治 貫昌寧 序十九

丁卯式年榜

乙科三人

丙科七人

李季專 父審之 貫碧珍 序二

裵孝崇 號梧谷 官承旨 錄原從功 父觀察 桓 贈兵判 尚志 孫 武烈公 玄 襲 后 貫興海 居安東 序三

鄭從韶 字可貞 官司成 配肅慕殿 父教導 文裔 司正 瑋 孫 知奏事 襲明 后 貫延日 居永川 序七

丁科二十三人

芮承錫 字周卿 號守夢軒 生 太宗丙戌 官刑叅 享鳳洞院 父縣監 思文 缶溪君 樂全 后 貫義興 居義興 序十一

權安世 父子候 貫安東 序十五

同年親試榜　重試對擧

乙科一等三人

姜希孟　字景醇號私淑官贊成謚文良晋山府院君錄翊戴功父
碩德貫晋州居晋州　序一

丙科二等七人

趙孝同　(仝)父　瑾貫咸安　序一

琴以詠　父　柔貫奉化　序四

許慥　字思暇號凝川[redacted]官修撰父叅贊　詡文敬公　稠
孫吏判　綏后貫河陽居河陽　序七

丁科三等十六人

同年秋重試榜　初試　殿策法五弊二云取優等八人以八駿
圖爲題　親考定魁會試　親臨慶會樓以八
駿圖爲題特命詩賦表箋替諦序辭意製述
試官左相河　演吏判鄭麟趾禮判許　詡

乙科一等三人

金淡　字巨源生　太宗丙申官吏判謚文節亭丹溪院父　贈
兵判小良　贈戶叅　軫孫貫禮安居榮川　序二

…龍榜卷之一　…九

乙科二等七人

朴彰年　見甲寅謁聖　序三

乙科三等九人

鄭從韶　見同年式年　序一

曹變隆　見甲子式年　序三

金　澮　官校理父贈兵判小良貫禮安居榮川　序五

文宗庚午式年榜

御製殿策　求賢從諫寡慾勤政

試官安止

乙科三人

丙科七人

孫敍倫　字敦仲生世宗丙午官博士配肅慕殿父忝奉順祖

貫密陽居永川　序三

琴　昆　父淑貫奉化　序五

丁科二十三人

琴嵩　父淑　貫奉化　序一

鄭成良　父斯仁　貫瑞山　序四

金礩　字可安　號雙谷　生世宗壬寅　官左相上洛府院君　錄佐理功　諡文靖　父同中樞宗淑　貫安東　序五

崔宗復　父斯江　序七

權徵　號藤巖　生世宗丙午　官持平　錄原從勳　父直長可後　貫安東　居安東　序十三

鄭守忠　官判中樞　諡文節　錄佐翼功　父提　貫河東　居大邱　序十七

河崇　父敬履　貫晉州　序十八

尹欽　號（字敬夫）號竹齋　官吏議　父贈吏判　蓋文科　濬后　貫永陽　居永川　序十九

金秀光　字天章　號喚惺軒　生世宗戊申　官獻納　父吏判不比　貫金海　居昌原　序二十三

元年辛未三月增廣榜

試官　領相河演　禮判金禮蒙　吏參李思哲

殿策　學要治道

乙科三人

丙科七人

權得經 父 放貫安東 序三

丁科三十人

宋元昌 號潜巖官刑正父 啓貫礪山居榮川 序六

李約東 號老村官知中樞叅耆社選淸白吏父德孫貫碧珍居金山 序十

朴引年 父仲林貫順天 序二十

丁夢祥 字公弼生 太宗丙申官禮叅父典書斯湜大陽君德盛后貫羅州居義城 序二十三

崔繼潼 父沚瑩 序三十

端宗元年癸酉增廣榜 殿策治務

乙科三人

丙科七人

趙昱 字子明生 世宗壬子官兵曹叅知父縣監寧政堂文學烈后貫咸安居咸安 序五

丁科三十人

李美　貫咸安　序二

孫旭　官掌令父鷄城君士晟監察　登孫貫月城居慶州　序十五

崔漢輔　父士老貫和順　序十六

鄭以雅　父齊安貫草溪　序十七

同年秋式年榜

殿策成難

乙科三人

金壽寧　字景泰號老村官戶叅謚文悼父僉中樞　濂吏叅益精孫忠烈公方慶后貫安東居玄風　序一

朴楗　謚恭簡父吏判仲孫貫密陽居淸河　字子啓生世宗丙午官左賛成錄靖國勳密陽府院君　序三

丙科七人

丁科二十三人

趙瑞廷　父夏貫豊壤　序十二

崔水智　父自注貫和順　序二十一

甲戌增廣榜　試官申叔舟　殿策兵食

乙科三人

丙科七人

鄭宝韶　官學諭父敎導文裔司正瑋孫判書光厚曾孫滎陽君襲明貫迎日居永川　序四

丁科二十三人

朴孟智　字得兼號春塘官執義享龜川院父安敬貫潘南居咸陽　序十二

孫次綿　貫密陽　序十七

金係錦　號西崗官持平父判書墩益城君敬臣后貫金海居金海　序二十

世祖元年丙子式年榜　試官朴仲孫　殿策賢才　冗官　城郭

乙科三人

丙科七人

魚世謙　字子益號西川生世宗庚戌官左相叅耆社錄翼戴功謚文貞父文孝公孝瞻貫咸從居咸安　序二

丁科二十三人

崔漢良 父士老 貫和順 序十三

許譔 字子述 生 世宗壬子 官直提學 父直提學 謚忠穆公 有仝后 貫金海 居永川 序十九

金宗碩 父叔滋 貫善山 序二十一

丁丑正月二十七日別試榜 試官右賛成兼大提學申叔舟 殿策

乙科三人

姜子平 字國勾 生 世宗庚戌 官監司 贈左賛成 父府尹 徵 左賛成淮仲后 貫晋山 居尙州 序一

丙科五人

丁科五人

同年二月初七日重試榜 試官領中樞李邊 殿策盜賊 云畜軍器

乙科三人

丙科五人

徐居正 見甲子式年 序一

丁科十三人

同年五月十日別試榜 初試講易圖說分二所兩所試官金末金鉤殿試御題殿策
試官右賛成兼大提申叔舟

乙科三人

吳凝 父致仁貫咸陽 序一

丙科四人

丁科六人

李堢 父原貫固城 序二

戊寅謁聖榜 命官黃守身非文臣而以禮判爲命官

乙科一等一人

都夏 字處中生太宗戊戌官校理父校尉賢府使允弼后貫星州居大邱 序一

乙科二等二人

乙科三等二人

己卯式年榜 以天使入京日迫會試三場但試殿策一道
試官朴仲孫

乙科三人

丙科七人

張末孫 字景胤號松雪軒官禮判錄敵愾功延福君諡安襄父重
智貫仁同居榮川 序三

孫昭 字日章生世宗癸丑官吏叅贈吏判諡襄敏父鷄城
君士晟監察登孫貫月城居慶州 序五

丁科二十三人

許誠 父偶貫河陽 序一

崔漢禎 父士老貫和順 序六

金克儉 字士廉號淡軒生世宗己未官戶判父贈兵叅剛毅
吏叅係熙孫貫金海居金海 序七

崔漢公 字台甫號老谷生太宗癸卯官典翰父文惠公善門忠
節公永濡后貫和順居金山 序十九

金宗直 字季温號佔畢齋生世宗辛亥官刑判贈領相謚文簡享禮林院父文康公叔滋貫善山居密陽序二十一

庚辰七月初七日別試榜　試官申叔舟

乙科一等二人

李孟賢 父介智貫載寧 序一

乙科二等一人

乙科三等一人

同月九月十二日別試榜

乙科一等三人

乙科二等七人

朴榮孫（榮改英）字賛敬號淸風堂生世宗壬寅官校理贈都承旨父縣監順祖文肅公中美后貫密陽居永川序六

乙科三等十人

金吉孫 序七

同年十月平壤別試榜　試官左相申叔舟刑判朴元亨吏叅李克堪都承旨成任

一等二人

二等三人

三等十七人

辛巳別試榜　殿策我國虛實

一等一人

河淑山　父自昆貫晉州

二等一人　序一

三等一人

洪貴達　字兼善號虛白亭生世宗戊午官叅賛贈左賛成謚文匡亭臨瀜院父贈兵判孝孫司宰淳後貫缶林居咸昌　序一

壬午秋式年榜　命官領相申叔舟　殿策文武

乙科三人

張仲誠 序三

丙科七人

李則 父垤 貫固城 序三

盧昐 父叔仝 貫豊川 序七

丁科二十三人

鄭致韶 官佐郎 父敎導文裔 司正瑋孫 判書光厚曾孫 榮陽君襲明后 貫迎日 居永川 序四

南鼎 父允寶 序五

同年八月二十五日謁聖榜 命官領相申叔舟 殿策禮樂用人

乙科一人

姜安重 父勗 貫晋州 序一

丙科三人

柳允謙 字亨叟生　太宗己丑官大諫父進士方善文簡公成澗
后貫瑞山居永川　序三

丁科五人

裴孟厚 字載之號桂堂生　世宗戊辰官吏叅父　贈左相縉
盆城君元龍后貫盆城居靈山　序五

甲申春溫陽別試榜　試官申叔舟

乙科二人

李陞　父塀貫固城　序一

丙科四人

金紐　字子固號雙溪齊官叅判父仲淹貫安東居安東　序四

丁科七人

乙酉春式年榜　試官判中樞申叔舟

乙科三人

丙科七人

徐　渡 字君楫號好敏齋官學諭父副承旨文翰達城君晋后
貫達城居永川　序一

卜承貞 父吾貫沔川　序六

丁科二十三人

朴安阜 號茅齋官掌令父判官冲武吏叅成陽孫禮部尚書善
后貫咸陽居義城　序一

朴孝元 号芝峯官大諫父錄事 璪大憲瑞生孫貫比安居比安　序三

權　挒 字平仲號九宜軒官持平父寶文直學 偲縣監 旺孫
貫安東居新寧　序十二

金長訥 父安生貫善山　序二十

同年七月別試榜　命官判中樞申叔舟

乙科一等一人

乙科二等一人

乙科三等一人

丙戌春高城別試榜　命官判中樞申叔舟　御製　殿策巡省

一等三人
二等四人
鄭以恭 (恭改揮)子 子健官察訪父司成從韶教導文裔孫判書光厚玄孫榮陽君襲明后貫迎日居永川 序二
三等十一人
同年春謁聖榜 命官判中樞申叔舟
一等三人
權偍 父 擎貫安東 序三
二等五人
金龜 字希禹號琴山生世宗丙午官叅賛父司正利亨同正灝后貫金海居昌原 序四
三等九人
同年三月重試榜
一等三人

金克儉 見己卯式年 序一

二等五人

金紐 見甲申別試 序二

三等七人

南鼎 見壬子式年 序七

同年五月初十日拔英試榜 命官判中樞申叔舟 殿策治世之能臣亂世之奸雄

一等三人

姜希孟 見丁卯別試 序三

二等十三人

李陸 見甲申別試 序七

徐居正 見甲子式年 序八

柳允謙 見壬午謁聖 序十

三等二十四人

李孟賢 見庚辰別試 序四

金克儉 見己卯式年 序五

崔士老 見甲寅謁聖 序八

盧昐 見壬午式年 序九

孫次綿 見甲戌增廣 序十七

同年七月登俊試榜

一等三人

姜希孟 見丁卯別試 序二

徐居正 見甲子式年 序三

二等三人

三等六人

金紐 見甲申別試 序一

戊子温陽別試榜 命官判中樞申叔舟 殿策

甲科一人

乙科二人

丙科一人

李枰 父晨 貫安岳 序一

同年二月重試榜

甲科一人

乙科二人

李陸 見甲申別試 序二

丙科一人

丁科一人

同年四月初三日式年榜

試官永順君溥判中樞鄭昌孫申叔舟金守溫知中樞魚孝瞻洪應宋處寬徐居正李石亨大司成金禮蒙大司諫芮承錫承旨李克增

甲科三人

李仁亨 字公夫號梅軒官大憲 贈禮判享葦溪院父美貫咸安居咸安 序一

乙科七人

柳陽春 父壽昌貫豊山 序一

李從允 字可貞號松窩生世宗辛亥官輔德享慕賢祠父縣監衡文月城君敬仲玄孫貫月城居青松 序六

丙科二十三人

金瑄 父遇賢貫咸昌 序六

李淑璜 字姬輔號茅軒官直講 贈左贊成父延城君末丁掌令伯謙孫文昌公係孫后貫延安居智禮 序十八

睿宗元年己丑十月二十一日增廣榜

命官判中樞申叔舟盧思愼姜希孟

甲科三人

蔡　壽　字耆之號懶齋官大憲仁山君　贈左贊成謚襄靖享臨
湖院父中保貫仁川居咸昌　序一

乙科七人

曺碩輔　字士仁官舍人　贈丞旨父禮議變安提學尙治孫貫昌
寧居永川　序七

丙科二十三人

姜文會　貫晋州　序三

崔漢信　(改族)字子房號養性齋官都承旨父文惠公善門忠節公
永濡后貫和順居居昌　序十

李文興　父　菊貫星州　序十九

金漢哲　字子明號松湖生　世宗庚戌官掌令父司馬永命義城
君龍庇后貫義城居安東　序二十

成宗元年庚寅十月別試榜

甲科三人

乙科五人

丙科八人

權景祐　字君饒　序五

鄭以僑　字子美號晩翠堂官校理父司成從韶柰陽君襲明後貫延日居金山　序七

辛卯三月二十九日別試榜

甲科二人

乙科三人

丙科四人

金瑞亨　(改克諧)　序二

壬辰春式年榜

甲科三人

李晟　父保民　序三

乙科七人

金成慶　字子榮官獻納父　贈左賛成　地忠貞公澍　后貫善山居善山　序五

丙科二十三人

河荆山 父程拔 貫晋州 序一

李仁佑 父 滕 貫道安 序二

尹 壕 父三山 貫坡平 序六

表沿沫 父繼 貫新昌 序十三

曺末孫 字纘甫 官翰林 父參軍敬武 襄平公益淸后 貫昌寧 居永川 序十七

金秀文 字炳郁 號東濱 生世宗壬子 官獻納 父瑾 野城君就麟后 貫野城 居盈德 序二十一

甲午式年榜

甲科三人

乙科七人

奇 續 字士贇 生世宗甲辰 官應教 贈大提學 謚貞烈 父監察軸 貞武公虔孫 貫幸州 居慶州 序三

鄭錫堅 字子健 號寒碧齊 官吏參 贈吏判 享華岡院 父判由 恭忠節公初玄孫 貫海州 居善山 序六 贈兵

丙二十三人

趙之瑞　字伯符號知足堂官應教　贈都承旨享新塘院父瓚　貫林川居晉州　序二

甘尙中　官典籍檜山君　漂后貫檜山居昌原　序十三

黃玎　字丁玉號不倦軒生　世宗戊辰官校理父進士黨吉檢　校溫仁后貫平海居慶州　序十四

兪好仁　字克己號潘溪官校理享藍溪院父　瘞貫高靈居咸陽　序二十

曺偉　字太虛號梅溪生　端宗甲戌官戶叅　贈吏判諡文莊　享景濂院父縣令繼門貫昌寧居金山　序二十一

曺淑沂　字文偉生　端宗甲戌官弘提　贈大憲父　贈兵判顔　仲貫昌寧居昌原　序二十三

乙未三月謁聖榜　親策

甲科三人

柳惠仝　字和而生　世宗甲子官輔德父大諫允謙進士方善孫　文簡公成簡后貫瑞山居永川　序三

乙科五人

丙科十二人

金永貞　字一之生　世宗丁巳官大憲　贈兵判盆城君諡安敬
父副校理震孫貫金海居密陽　序七

丙申三月二十二日別試榜　殿策

一等二人

二等四人

三等七人

權健　字叔强生　世祖丁丑官承旨父領相　擥貫安東居安
東　序四

李仲賢　父介智貫載寧　序四

同年重試榜　策

一等二人

二等三人

蔡壽　見己丑增廣　序二

三等五人

丁酉閏二月二十日式年榜　命官判中樞金國光

甲科三人

康伯珍　字子韞號無名齊官司諫・贈大司諫父校尉　惕信城
府院君之淵后貫信川居善山　序三

乙科七人

丙科二十三人

金碏　父宗叔貫安東　序七

李智亨　父　美貫咸安　序九

朴末孫　貫密陽　序十二

李義亨　字勇夫號杏軒亭葦溪院父　美貫咸安居咸安　序十五

同年八月初二日謁聖榜　命官尹子雲　表　○○請許收買
弓角

甲科一人

乙科一人

丙科二人

戊戌十二月初三日別試榜 表周群臣賀親迎周公來 及來陽竹詩

甲科一人

權景禧 父耉 貫安東 序一

乙科二人

丙科三人

己亥別試榜

甲科一人

鄭光世 父蘭孫 貫東萊 序一

乙科三人

丙科六人

姜龜孫 父希孟 貫晉州 序六

同年重試榜

甲科一人

趙之瑞　見甲午式年　序一

乙科一人

丙科三人

鄭以恭　見戊戌別試　序三

庚子二月初七日謁聖榜　表　唐宰相乞貸韓愈貶潮州

甲科一人

乙科二人

周允昌　字文德號睡窩生　世祖壬申官郡守　贈吏判享雲谷
祠父判書尙彬貫尙州居漆原　序二

丙科一人

同年三月二十九日式年榜　殿策

甲科三人

申從濩　父　澍　貫高靈　序一

乙科七人

孫　蕃　字友賢　生　世祖戊寅　官掌令　父美宗　太常少卿　義卿后　貫月城　居慶州　序七

丙科二十三人

李　浤　父　增　貫固城　序五

崔漢源　父善復　貫和順　序十八

金係孫（孫改行）號賓白堂　生　世宗辛亥　官大司成　贈吏叅　享默溪院　父縣監　三近　貫安東　居安東　序二十一

辛丑十月別試榜

甲科一人

權　柱　字支卿　號花山　生　世祖丁丑　官禮叅　贈右叅贊　父贈吏叅　邇　司藝　恒孫　貫安東　居安東　序二

乙科四人

丙科七人

壬寅十月十九日別試榜　策　正統

甲科二人

金曮孫　字仲雲號梅軒生　端宗乙亥官吏佐父校理孟持平克一孫貫金海居清道序一

金駿孫　字伯雲號東窓生　端宗甲戌官直提學父校理孟持平克一孫貫金海居清道序二

乙科三人

權瓚　字叔玉生　世宗丙寅官典籍父牧使有順貫安東居咸昌序二

丙科六人

同年十月二十七日進賢試榜

一等一人

二等一人

三等二人

癸卯三月二十九日式年榜　表　唐李泌請辭職還山　論　皐夔稷契讀何書

甲科三人

乙科七人

權守平　父虞　貫安東　序三

權瑠　字季王　官典籍　父牧使有順　貫安東　居咸昌　序五

丙科二十三人

朴增榮　字希仁　號訥齊　官校理　父禮議　貫密陽　居密陽　序十一

姜于魚　父壽延　貫晋州　序十二

河潤　山　字時夫　號雲水堂　官校理　享鼎岡院　父繼文　貫晋州　居善　序二十

乙巳六月初一日別試榜　殿策　綱與目

一等三人

李宗準　字仲匀　號慵齊　官校理　贈副提學　享鏡光院　父進士時敏　大憲繩直孫　貫月城　居密陽　序二

朴漢杜 字天支號迂拙齊生 世祖己卯官獻納 贈都承旨享禮林院父訓導敎仁文節公 彬曾孫貫密陽居密陽 序三

二等五人

三等八人

葉千枝 序一

朴召榮 字吉甫官觀察父禮議 楣恭孝公仲孫孫貫密陽居盈德 序二

權景裕 父 鍌貫安東 序七

張順孫 字子浩號梧齊生 端宗癸酉官領相謚文肅父郡守重智忠貞公安世后 序八

丙午十月十三日式年榜

甲科三人

金馹孫 字季雲號濯纓生 世祖甲申官正字謚文愍享紫溪院父校理孟持平克一孫貫金海居清道 序二

乙科七人

丙科二十三人

權五福 字䨇之號睡軒生 世祖戊子官校理 贈都承旨享鳳山院父善貫醴泉居醴泉 序四
姜渾 字士浩號木溪官判中樞晉川君謚文簡父仁範貫晉州居晉州 序九
權受益 父謙貫安東 序十三
李世仁 父璧貫京山 序十六
鄭以得 父從韶貫延日 序十九
李瑞 父孟賢貫載寧 序二十一

同年十月二十六日重試榜 上試官金守溫文衡徐居正 殿策

甲科一人

申從濩 見庚子式年 序一

乙科二人

朴增榮 見癸卯式年 序二

丙科五人

表沿沫　見壬辰式年　序一

金駿孫　見壬寅別試　序四

鄭以僑　見庚寅別試　序五

丁未三月十六日別試榜

一等一人

二等一人

三等三人

梁賀　父順石貫南原　序三

戊申四月別試榜

一等一人

二等一人

李胄　字胄之號忘軒官正言父　泙貫固城居安東　序一

三等二人

己酉式年榜

甲科三人

乙科七人

金　勘 字子獻官贊成延昌府院君錄靖國功父元臣貫延安居咸昌 序六

丙科二十三人

宋千喜 父克昌貫礪山 序七

方有寧 字太和號無欺堂生世祖庚辰官兵判父贈兵叅仲止文定公子宣后貫軍威居陝川 序十一

柳崇祖 字宗孝號眞一齊生文宗壬申官大成贈贊成謚文穆享松川院父吏叅之盛貫全州居安東 序十六

孫仲暾 字泰發號愚齊生世祖癸未官右贊成月城君謚景節享東江院父襄敏公昭鷄城君士晟孫貫月城居慶州 序十九

庚戌十一月別試榜

甲科一人

乙科二人

丙科七人

姜詷　字詷之生　文宗辛未官大諫父監司子平貫晋山居尙州　序二

鄭汝昌　字伯勗號一蠹生　世宗庚午官說書　贈右相諡文獻從祀　文廟享藍溪院父　贈左尹六乙貫河東居咸陽　序七

辛亥四月別試榜

甲科一人

乙科二人

李顒（顒）字顒之生甲午官大諫父昌臣貫全義居尙州　序二

丙科三人

權鈞　字正卿號悠然堂生　世祖甲申官右相諡忠成父縣監迥貫安東居金山　序三

壬子四月式年榜

甲科三人

乙科七人

鄭鵬 字雲程號新堂生 世祖丁亥官應教享金烏院父贈吏判鐵堅忠節公 初后貫海州居善山序三

崔淑生 字子眞號眞齊官贊成父鐵重貫月城居慶州序七

丙科二十三人

曺世唐 父尙謙貫昌寧 序一

權達手 字叔通號桐溪生 睿宗己丑官校理贈都承旨享臨湖院父縣監琳檢校 倜后貫安東居咸昌序十八

趙舜 父銅虎貫咸安 序二十二

同年九月別試榜

甲科一人

乙科二人

黃瑋（瑋）字獻之號橡亭生 世祖甲申官府尹享景洛院父龜壽生員正文孫副正吉祥后官德山居善山序二

丙科十一人

姜詡 父子平 貫晋州 序六

李昌胤 父健 貫全義 序八

金士元 父叔春 貫尙州 序九

甲寅四月別試榜

甲科一人

乙科四人

南袞 字士華 號止亭 生世宗辛酉 官領相 父郡守致信 司諫琟孫 貫宜寧 居宜寧 序一

高世昌 父台翼 貫濟州 序四

丙科十七人

權敏手 字叔達 號退齊 生世祖丙戌 官大憲 贈吏判 父縣監琳 檢校倜后 貫安東 居咸昌 序二

許禎 字希仁 生文宗壬申 官提學 父直提學謨 忠穆公有全后 貫金海 居永川 序四

曺致虞 字舜卿號凈友堂生 世宗己卯官翰林選淸白吏享五峯院父翰林末孫貫昌寧居永川 序十五

安覯 字思仲號苔巒官司諫父忝奉普文侍直叔良孫貫廣州居密陽 序十七

燕山元年乙卯十一月增廣榜　殿策　人材

甲科三人

盧琇 父變皓 序二

盧仲珍 字子韜號臨鏡堂生 世祖己卯官舍人父校尉惕信城君之淵后貫信川居善山 序三

乙科七人

洪彥忠 字直卿號寓菴生 成宗癸巳官吏佐享近岩院父文匡公貴達司宰淳后貫缶林居咸昌 序二

權五紀 字協之號拙齋官判官享仁山院父善貫醴泉居醴泉 序六

丙科二十三人

尹耕 字任之官司諫父縣監孜善貫坡平居陝川 序九

曺繼向 (南)字宗之生 世祖丙戌官贊成錄靖國功謚忠貞父昌城君九叙貫昌寧居永川 序十二

丙辰式年榜　乙卯式年有故退行

甲科三人

金千齡　字仁老官直提學父致世貫慶州居慶州　序一

河　沃　父判山貫晋州　序三

乙科七人

辛　紹　父永理貫靈山　序四

丙科二十三人

李自華　父湊貫星州　序一

魚得江　字子游號灌圃堂官大諫享葛川院父文孫貫咸從居晋州　序二

崔重洪　父漢禎·貫和順　序十六

尹孝聘　父繼貫坡平　序十七

鄭　僖　號簑村官縣監　贈吏判父成德府院君允弘曾孫貫瑞山居陝川　居十九

李鐵鈞 父末丁 貫碧珍 序二十一

丁巳九月別試榜

甲科一人

權　弘 父 　 𡸖貫安東 序一

乙科四人

丙科八人

盧允昌 父信僉 貫淸道 序一

吳永年 字伯仁號錦沙官修撰錄靖國原從功父生員 禮徵士國華曾孫貫海州居義城 序二

金揚震 字伯起號盧白堂生 世祖丁亥官戶叅享勿溪院父叅判徽孫貫豊山居安東 序四

金　寬 字景饒號栢松齋生 世祖己卯官吏判父戶判克儉吏叅係熙曾孫貫金海居金海 序五

秦　澹 字智用官牧使父禮議有經學令 浩孫貫豊基居豊基 序七

同年九月重試榜

甲科一人

乙科一人

丙科八人

李昌胤　見壬子別試　序一

黃瑾　見壬子別試　序五

晉世唐　見壬子式年　序八

戊午春式年榜

一等三人

二等七人

李思鈞　號訥齋官吏判諡文剛父　塤貫慶州居淸道　序四

林宗仁　序七

三等二十三人

黃孟獻 字魯卿官禮判錄靖國功長原君謚昭襄父權貫長水 居尙州 序二

李陌 父墀貫固城 序七

權五行 父善貫醴泉 序十

李堣 字仲明號松齋生睿宗己丑官戶叅青海君享淸溪院 父進士繼陽松安君子脩后貫眞寶居禮安序十五

李賢輔 字棐仲號聾岩生世祖戊午官判中樞享汾江院父縣監欽永陽君大榮后貫永川居禮安序二十

同年九月別試榜

甲科一人

乙科二人

李沆 父世仁貫京山 序二

丙科三人

辛酉式年榜

一等三人

李䫀　父昌臣貫全義　序一

二等七人

曺繼衡　父珣貫昌寧　序一

申儼　字思仲官司諫父敎官　濬貫平山居密陽　序六

三等二十五人

俞好禮　序一

金欽祖　字敬叔官翰林父僉正孝友平章事　椿后貫義城居禮安　序十八

李紹元　父約東貫碧珍　序二十四

壬戌謁聖榜　親行大射禮

一等一人

二等四人

李長坤　字希剛號琴軒生成宗甲午官右賛成謚貞度享燕巖院父贈左賛成承彥文安公堅幹后貫碧珍居昌寧序三

三等九人

洪彦邦 字君美生成宗庚寅官博士父文匡公貴達司宰淳 后貫缶林居咸昌 序一

癸亥八月別試榜 世子册封稱慶

一等一人

二等二人

三等五人

甲子四月別試榜 殿策賦

一等一人

二等二人

文繼昌 號養心亭官牧使父僉正克忠忠肅公克謙后貫南平居 陜川 序一

三等六人

李哲明 字知之號止軒生乙卯進士官禮正父副司直係孫貫驪 州居慶州 序三

同年式年榜

甲科三人

李秄　字次野號陰崖官叅贊謚文懿父禮堅貫韓山居咸昌　序一

乙科七人

丙科二十一人

朴巨鱗　字波臣官郡守父　贈兵判　訥咸陽府院君忠佐后貫咸陽居咸昌　序二

愼汝弼　父仲終貫居昌　序七

曺彦亨　字亨之生　睿宗己丑父吏郎父奉事　永生員安習孫貫昌寧居永川　序八

郭遂寧　父季元貫玄風　序十三

李蕃　父云達貫德山　序二十

同年十月別試榜　御題七律春閱梨坊樂

甲科一人

乙科一人

丙科二人

丁科十五人

李欽守　字敬叔官府使父叅判　拱守邦后貫陽城居善山　序十三

丙寅四月別試榜

甲科一人

乙科一人

丙科二人

丁科十三人

辛孟卿　字國老生　成宗壬寅官博士父司直效忠郡守之屛孫郡守斯鳳曾孫文貞公唐係后貫寧越居慶州序一

李希曾　號龜翁官修撰父允儉貫陝川居草溪　序三

蔡紹權　父壽貫仁川　序六

金瑛 字英之號三堂生成宗乙未官吏議享峰陽院父掌令永銖太師公宣平后貫安東居安東 序十

中宗元年丙寅九月別試榜

甲科一人

乙科二人

丙科四人

丁科八人

金世句 字和叔生世祖壬午官承文院叅校贈禮叅父安敬公永貞忠簡公普后貫金海居密陽 序六

朴云俊 字士美官正字父掌令安阜判官忠武孫定獻公成陽后貫咸陽居義城 序七

丁卯增廣榜

甲科三人

魚泳濬 字彥深號松亭生成宗癸卯官舍人錄淸白吏父漢綸貫咸從居金海 序三

乙科七人

丙科二十六人

權　㯋　字仲虛號冲齋生成宗戊戌官右贊成　贈領相謚忠定享三溪院父生員士彬貫安東居安東　序二

金希壽　字夢禎號悠然齊官大憲父叔演貫安東居安東　序二十三

同年式年榜

一等三人

二等七人

金叔寶　父致賢　序二

三等二十三人

宋好義　父自剛貫礪山　序二

孫台佐　貫密陽　序五

崔重演　父漢禎貫和順　序八

趙　參　父銅虎貫咸安　序十四

李守英　父仁佑貫道安　序十五

裵世績　字懋叔號靜谷官縣監父仲厚貫盆城居漆原　序十九

同年重試榜　策問

一等一人

權弘　見丁巳別試　序一

二等二人

李思鈞　見戊午式年　序二

三等三人

金士元　見壬子別試　序三

戊辰二月初九日謁聖榜

甲科一人

乙科一人

丙科一人

己巳四月初八日別試榜 命官領府事金壽童

甲科一人

乙科三人

鄭荃 父亨耘 貫東萊 序三

丙科十三人

鄭士龍 字雲卿 號湖陰 官判中樞 父僉知光輔 貫東萊 居尙州 序四

黃汝獻 父瓘 貫長水 序五

庚午三月二十三日式年榜

甲科三人

李膂 字强哉 官修撰 貫固城 居咸陽 序一

金磧 父璧堅 貫禮安 序三

乙科七人

丙科二十三人

李佑　父珌　貫固城　序三

金振祖　父俌　貫善山　序八

孫洙　貫密陽　序九

姜琯　父安重　貫晉州　序十

金宗弻　父貞幹　貫尙州　序十九

李迨　字仲豫　號月淵　生成宗癸未　官翰林亨栢谷祠　父師弼　文節公行后　貫驪州　居密陽　序二十二

辛未三月別試榜　命官　金壽童　文衡　中用漑

一等一人

二等三人

三等十二人

國朝科榜錄龍榜卷之一　三十四

嶠南科榜録卷之一　三十四

曺繼殷　字遵聖 官牧使 錄靖國功 昌城君 父九齡 貫昌寧 居永川 序三

癸酉二月別試榜　始行講經法 表 唐魏徵請行仁義 頌 帝賚良弼 策 酒禍

一等一人

二等二人

三等八人

金匡復　字克己 官禮判 父府使 鏵 洛城君先致后 貫商山 居尙州 序三

同年九月式年榜

甲科三人

表憑　貫新昌 序一

金　璠　字文瑞 生成宗己亥 官庶尹 贈吏判 父掌令永銖 太師宣平后 貫安東 居安東 序三

乙科七人

太斗南　字望而 號西庵 生成宗丙午 官執義 享玉川院 父參奉孝貞 永順君金鈗后 貫永順 居醴泉 序三

丙科二十三人

趙琳 字伯瑗官府使父僉知承孫漢山君仁沃后貫漢陽居尙州 序三

李福老 父澤貫陜川 序四

甲戌五月別試榜 明經別試

甲科一人

乙科一人

丙科二人

同年九月別試榜

甲科二人

黃士祐 字國輔號慵軒生世祖丙午官吏判享崇德祠父贈贊成希聖大相石柱后貫昌原居豐基 序二

乙科三人

丙科十六人

李若氷　父滋　貫廣州　序二

李䢚（改彦䢚）字復古號晦齊生　成宗辛亥官左賛成贈領
相謚文元從祠文廟配　明宗廟享玉山院父贈賛
成蕃貫驪州居慶州　序四

乙亥八月別試榜

甲科一人

乙科二人

丙科十二人

曺彦卿　父纖殷貫昌寧　序四

丙子三月式年榜

甲科三人

金㻩信（㻩改有）字興元號洛松生　成宗庚子官校理父吏判
寬吏条係熙玄孫貫金海居金海　序一

乙科七人

具壽福 字伯凝號屛巖官吏正父　顧貫綾城居尙州 序一

權雲 字山龍官校理父受益貫安東居安東 序二

許輔 父　忠貫河陽 序四

丙科二十三人

李承須 號晩休生　端宗癸酉官大憲　贈禮判父　絳陽山君 序七

朴亨鱗 字之㣧號竹菴生　成宗庚子官吏議父　贈兵判訥 序八

咸陽府院君忠佐后貫咸陽居咸昌

權輗 字景信號磨厓生燕山乙卯官吏判父生員哲經縣監居

約曾孫貫安東居安東 序十八

同年九月別試榜 重試對擧

一等一人

二等二人

三等八人

李希閔 字孝翁官正郎父允儉貫陜川居宜寧 序四

同年重試榜

一等一人

鄭士龍　見己巳別試　序一

二等一人

三等一人

丁丑別試榜

一等一人

二等三人

三等十四人

姜顯　父文會　貫晉州　序一

己卯三月式年榜

甲科三人

乙科七人

權檣　字濟甫號霽村官郡守　贈副提學享鳳山院父生員士彬貫安東居安東　序二

金緣　字子由號雲巖生　成宗丁未官觀察父　贈吏參孝盧縣監淮孫貫光山居禮安　序四

鄭輝　字光彥號槐亭生　成宗庚子官學諭享龜川院父副尉安孫滎陽君襲明后貫迎日居醴泉　序五

丙科十九人

曺孝閔　(閔改淵)字彥博號韋齊生　成宗丙午官翰林父翰林致虞襄平公益清后貫昌寧居昌原　序九

琴椅　父致堪貫奉化　序十七

同年四月初十日賢良試榜

讀卷官申用漑　策問人心民事

一等一人

二等一人

三等二十六人

權碩　字君安生　成宗丙午官修撰　贈副提學父　贈右參贊杜司藝　恒會孫貫安東居安東　序六

朴　薰　父增榮貫密陽

都　衡　字國銓號杏亭生　成宗庚子官佐郞享川谷祠父進士孟寧星山君陳后貫星州居星州　序十一

金　顆（顋）字大而號毋齊生　成宗甲辰官典籍父副尉三山兵議謙后貫商山居尙州　序二十一

李　翎　官修撰配華溪院父大憲仁亨貫咸安居晋州　序二十四

同年十月別式榜　改宗係稱慶　命官右相安瑭文衡南袞　序二十六

甲科二人

乙科三人

許伯琦　字汝珍號三松堂生　成宗癸丑官翰林父提學禎忠穆公有全后貫金海居永川　序二

丙科十四人

金就精　字精之官兵正父司直匡弼和義君　起后貫善山居善山　序七

宋希奎　字天長號倻溪生　成宗甲寅官執義　贈吏判諡忠肅享鳳岡院父司直邦賢冶城君吉昌后貫冶城居星州　序九

金光準　父　誠　貫尙州　序十二

庚辰九月別試榜

甲科一人

乙科二人

表贇　字粹然號茅齋生甲寅官執義　贈領相父　贈戶判永
命尙書大王后貫新昌居尙州　序二

丙科八人

郭之藩　字翰仲生燕山乙卯　贈承旨父縣監　瑋淸白吏安邦
曾孫貫苞山居玄風　序六

辛巳十二月別試榜　命官左相南　袞

甲科一人

乙科三人

丙科十四人

黃孝恭　字敬甫號龜巖官司諫父　璿司正智軒曾孫貫檜山居
榮川　序四

壬午三月式年榜

甲科三人

姜銓 父碩貞 貫晋州 序一

乙科七人

丙科二十三人

朴洪鱗 字子雲 號龍菴 生成宗壬寅 官吏叅 父贈兵判訥 咸陽府院君忠佐 后 貫咸陽 居咸昌 序十六

金湘 父世忠 貫咸昌 序十七

同年十一月別試榜 表箴

甲科一人

乙科二人

周世鵬 字景游 號愼齋 生燕山乙卯 官戸叅 贈禮判 諡文敏 享紹修院 父叅判文俌 貫尚州 居漆原 序二

丙科四人

癸未三月謁聖榜

甲科一人

乙科一人

丙科二人

甲申二月謁聖榜

甲科一人

乙科三人

丙科二十六人

崔弘濟 字施之官舍人父生員世濟忠節公永濡后貫和順居咸陽 序九

郭之雲 字汝雨號燕日堂生燕山戊午官翰林享尼陽院父絫奉坪清白吏安邦曾孫貫苞山居玄風 序二十六

乙酉三月式年榜 命官領中樞鄭光弼

甲科三人

朴光佑（祐）字國耳號濕川生　成宗丁酉吏議官司諫父判事元
庇密城君彥孚后貫密城居密陽　序二

乙科七人

丙科二十三人

金魯　父希壽貫安東　序四

姜溫　父永叔貫晋州　序十四

安琇　字瑾夫號尼山官獻納　贈左承旨父訓導處貞文成公
裕后貫順興居安東　序十六

丙戌九月別試榜

甲科一人

乙科二人

丙科十人

金義貞　字公直號潛菴生燕山乙卯官修撰　贈吏判諡文靖父
參判揚震貫豊山居安東　序九

同年重試榜

甲科一人

乙科二人

丙科五人

戊子四月十二日別試榜

甲科三人

鄭希顏 父汝寬 貫河東 序一

乙科七人

安宙 字太古 號耻菴 生燕山庚申 官校理 父府使勇知 貫廣州 居慶州 序一

洪春卿 字明仲 號石壁 官監司 父係貞 貫南陽 居尙州 序六

金潤石 字仲睟 官校理 父翰林欽 祖僉正孝友 平章事椿后 貫義城 居禮安 序七

丙科二十三人

李豪 官學正 父進士庭樹 蔚山君仲榮后 貫永川 居永川 序五

郭珣 字伯諭號警齊生燕山壬戌官司諫享松谷院父校理遂寧生員孝元孫貫苞山居玄風 序八

李灌 字景明號溫溪生燕山丙辰官禮叅諡貞愍享淸溪院父進士埴松安君子脩后貫眞寶居禮安 序十九

柳公權 字平卿生成宗乙巳官工正父贈吏判子溫貫豊山居安東 序二十二

同年九月別試榜

甲科一人

乙科一人

丙科十七人

曺光遠 父繼商貫昌寧 序六

崔渙 父繼潼貫興海 序十三

同年十一月別試榜

一等一人

二等一人

三等一人

辛卯十月初九日式年榜

甲科三人

乙科七人

丙科二十三人

壬辰二月庭試榜　論　策

甲科一人

鄭大年　父　荃　貫東萊　序一

乙科一人

丙科三人

權纘　字繼祖號岐亭生燕山甲子官戶判　贈左贊成父大憲　敏手太師公幸后貫安東居咸昌　序一

同年十月別試榜　論　頌

甲科一人

乙科一人

丙科六人

朴從鱗 父 訥 貫咸陽

癸巳五月初四日別試榜 論 頌 一 序四

甲科一人

乙科三人

丙科十人

朴鵬鱗 字凌雲 官說書 父 贈兵判 訥 咸陽府院君忠佐后 貫咸陽 居咸昌 序九

李希[illegible] 生燕山丁巳 官翰林 父副正壽男 湖山君 鉉孫 讓寧大君 禔 玄孫 貫全州 居星州 序十

甲午三月式年榜

甲科三人

丁應斗 字樞卿官賛成謚忠靖父玉亨貫羅州居尙州 序二

乙科七人

李滉 字景浩號退溪生燕山辛酉官左賛成贈領相謚文純從祀文廟配宣祖廟享陶山院父贈賛成埴贈吏判繼陽孫府使禎曾孫副正云候玄孫松安君子脩后貫眞寳居禮安 序一

丙科十六人

尹沉 父化溟貫茂松 序三

李仲樑 字公幹號賀淵生燕山甲子官監司父孝節公賢輔貫永川居禮安 序七

同年九月謁聖榜 王導論

甲科一人

乙科二人

丙科五人

乙未二月初三日別試榜

甲科一人

乙科二人

洪春年　父係貞貫南陽　序一

丙科八人

同年八月十六日松都別試榜

甲科一人

乙科一人

丙科一人

同年九月初三日謁聖榜　表　虞伯益請任賢勿貳

甲科一人

李乙奎　字文卿官校理亨北山祠父漢柱貫月城居慶州　序一

乙科一人

金世良 字彥叔官郡守父多慶貫月城居慶州 序一

丙科五人

丙申二月別試榜 殿箴

一等一人

李楨 字剛而號龜岩生壬申官副提學享龜岩院父湛貫泗川居泗川 序一

二等二人

三等四人

金守雍 字景和號棄齊生癸酉官吏正享靈淵祠父生員洪判書將有后貫慶州居高靈 序一

同年三月初十日重試榜

一等一人

二等一人

三等三人

同年八月十二日庭試榜

甲科一人

乙科一人

丙科二人

丁酉九月式年榜

甲科三人

乙科七人

安公信　字大寶號梅潭生燕山丙辰官校理父進士瑛文成公裕后貫順興居順興　序一

金鸞祥　字季應號餠山生丁卯官吏議　贈吏參享梧山院父習讀俔貫淸道居榮川　序四

丙科十七人

朴大仁　父善維貫比安　序五

南崧　父老貫宜寧　序八

辛士衡　貫靈山　序十七

同年十月別式榜　命官金正國　殿策

甲科一人

乙科三人

金珣　父伯卿　貫一善　序三

丙科五人

金就文　字文之號久菴生已巳官副提學　贈吏判諡文簡享洛峯院　父叅判匡佐和義君起后　貫善山居善山　序二

戊戌三月初九日謁聖榜　發　〇〇禮曺請撰東國名臣言行錄

甲科一人

乙科三人

丙科四人

金士文　字質夫生燕山壬戌官刑佐　贈吏判　父　贈左承旨佐文節公　淡曾孫　貫宣城　居榮川　序四

同年九月別試榜 擢英試對擧表 宋司馬光請行十科收士法

一等一人

二等五人

成 遻 父震孫貫昌寧 序五

三等九人

辛 馹 字致遠號三回堂生戊辰官判決事父國鈞貫靈山居靈山 序五

同年九月擢英試榜

甲科一人

乙科二人

丙科九人

金 緣 見乙卯式年 序八

己亥五月初三日別試榜

甲科一人

乙科一人

金　璟　父季熙　貫海平

序一

丙科十一人

同年十月二十四日別試榜

甲科一人

乙科一人

丙科四人

庚子三月二十二日式年榜

甲科三人

乙科七人

黃俊良　字仲擧號錦溪生丁丑官牧使　贈吏叅享郁陽院父叅奉　諱署令孝童係生員　鋌玄孫貫平海居豊基序二

丙科二十三人

蔡無逸 父胤權 貫仁川 序一

朴承侃 父珩 貫潘南 序二

許亮 父輔 貫河陽 序八

朴承任 字重甫號嘯皐生丁丑官大諫亨龜江祠父贈吏叅珩文正公尙衷后貫潘南居榮川 序十一

鄭景祐 字大有號樸岩生燕山戊午官禮正父學諭輝副尉安孫知奏事襲明后貫迎日居醴泉 序十七

柳仲郢 字彥遇號立岩生乙亥官監司贈領相豊山府院君父贈左贊成公綽貫豊山居安東 序二十三

同年十月初三日別試榜

甲科一人

乙科二人

丙科十六人

金廷準 貫安東 序一

崔世俊　貫和順　序二

金希參　字師魯號七峯生丁卯官待敎贈吏判父贈左承旨
致精義城君龍庇后貫義城居尙州　序十五

辛丑十月二十九日謁聖榜　表

甲科一人

乙科二人

丙科二人

壬寅十一月十五日庭試榜

甲科一人

乙科一人

丙科二人

姜士安　父　許貫晋州　序二

癸卯九月十二日式年榜　殿表　請置五經博士

甲科三人

盧守愼 字寡悔號蘇齊生乙亥官領相謚文簡享鳳山院父贈領相鴻貫光州居尙州 序一

乙科七人

丙科二十三人

金乃雍 字彥和生庚午官禮正父生員 烘判書將有后貫慶州居高靈 序七

都鉉輔 字公擧生燕山乙丑官縣監父 贈教官 句星山君陳后貫星州居星州 序十四

甲辰九月別試榜

甲科一人

權容 父應挺貫安東 序一

乙科二人

柳景深 字太浩號龜村生丙子官大憲父工正公權貫豊山居安東 序二

盧鯤 父守倫貫豊川 序十四

明宗元年丙午四月增廣榜

甲科三人

盧禛 字子膺號玉溪官吏判諡文孝享溏洲院父友明貫豊川居咸陽 序四

乙科七人

辛嵛 父弼周貫靈山 序六

丙科二十三人

金克一 父璡貫義城 序一

周怡 字士安號二樂堂生中宗乙亥官校理享道淵院父副司果世龜貫尙州居陜川 序八

朴全 字勉夫號松坡生中宗甲戌官正郎父進士元基司僕之蒙孫綿城君文昭后貫務安居寧海 序十九

李克恭 字懿仲號龜陰官典籍父訓導謙恭肅公明德后貫公州居榮川 序二十

李光軫 字汝任號今是堂生中宗癸酉官左副承旨享栢谷祠父進士遠文節公行后貫驪州居密陽 序二十一

郭趪 字元靜號竹齋生中宗己丑官府使父之堅淸白吏安邦玄孫貫苞山居玄風 序二十二

同年十月式年榜

甲科三人

乙科七人

梁　喜　父應鯤　貫南原　序一

丙科二十三人

孫　翰　父台佐　貫密陽　序三

張文輔　字伯勳　號星南亭　官大司成　父侃　忠莊公思儉后　貫順天　居此安　序十二

朴　虎　字景仁　號逸清齋　生中宗壬申　貫吏佐享芝山院　父生員仲文　察訪楊茂后　貫密城　居清道　序十四

柳應斗　父漢　貫晋州　序十八

楊士彦　父希洙　貫淸州　序二十

同年十月重試榜

甲科一人

柳景深　見甲辰別試

乙科二人

序一

宋希奎　見己卯別試

序一

丙科七人

丁未閏九月二十五日謁聖榜　表浮費　○○戶曹請汰冗官以省

甲科一人

乙科二人

丙科三人

戊申十月初五日別試榜

甲科一人

金弘度　父魯貫安東

序一

乙科三人

嶠南科榜録卷之一 四十八

金彦沉 字靜仲官刑叅贈領相父護軍濾司諫誠童孫左相礩曾孫翼元公士衡后貫安東 序一

丙科十八人

吉謙 字士益生中宗乙酉官正郎父進士勉之叅奉大淵孫忠節公再玄孫貫海平居善山 序十二

安嶒 字士謙號玩龜生成宗甲寅官說書享虎淵祠父司諫覯侍御使綬后貫廣州居永川 序十八

已酉九月式年榜

甲科三人

乙科七人

丙科二十四人

邊永淸 字開伯號東湖生中宗丙子官兵正父生員廣原君安烈后貫原州居安東 序五

朴春蕆 父榮宗貫密陽 序二

辛亥四月十二日謁聖榜

甲科一人

金冲 字和吉號西峕生　中宗癸酉官司成享孝谷院父兵議 謙貫商山居尙州　序一

乙科一人

丙科三人

壬子四月式年榜

甲科三人

乙科七人

丙科二十六人

郭趯 字君靜官府使父系奉之仁淸白吏安邦玄孫貫苞山居 玄風　序十五

癸丑三月別試榜 命官左相尙震　策殿　治效

甲科一人

乙科九人

權德麟 字君瑞號龟峯生　中宗己丑官郡守配雲谷祠父僉正 繼中直長命錘孫文靖公希正后貫安東居慶州序九

丙科三十一人

金宇弘 字勉夫號伊溪生 中宗壬午官府使父 贈吏判希參
義城君龍庇后貫義城居星州 序十一

裵德文 父綢貫星州

同年八月庭試榜 對讀官李滉 序二十五

甲科一人

乙科一人

丙科二人

乙卯四月式年榜

甲科三人

乙科七人

郭赳 字克靜號晚築齊生 中宗辛巳官戶議享尼陽院父文
科之藩淸白吏安邦玄孫貫苞山居玄風 序七

丙科二十三人

河晋實 父淑 貫晋州 序十六

李求仁 父繼俊 貫延安 序二十一

李後白 字季眞 號靑蓮 官吏判 錄光國勳 延陽君 謚文靖 享文會祠 父國衡 貫延安 居居昌 序二十二

丙辰二月別試榜

甲科一人

乙科二人

郭趪 字景靜 號濯淸軒 生中宗庚寅 官郡守 享尼陽院 父進士之貞 淸白吏 安邦玄孫 貫苞山 居玄風 序一

姜源 父世徽 貫晋州 序二

丙科九人

宋鉉 字台卿 生中宗丁丑 官正字 父忠肅公希奎 冶城君 吉昌后 貫冶城 居星州 序二

郭越 字時靜 號定菴 生中宗戊寅 官監司 贈吏判 享藍溪院 父文科之藩 淸白吏 安邦玄孫 貫苞山 居玄風 序四

盧祺 父禹弼 貫安康 序六

張順受（受一改慶）　序七

安應鈞　父宅貫竹山　序八

同年二月重試榜

甲科一人

乙科二人

丙科六人

安公信　見丁酉式年　序一

同年七月謁聖榜

甲科一人

丁胤禧　父應斗貫押海　序一

乙科二人

丙科三人

戊午八月初九日別試榜　文衡鄭士龍

甲科一人

乙科二人

丙科八人

姜文佑　父源　貫晋州　序三

林希茂　父珏　貫羅州

同年十月二十九日式年榜　命官左相李浚慶　序四

甲科三人

乙科七人

丙科二十五人

鄭密　父碩贇　貫晋州　序六

吳健　字子强　號德溪　山淸　生中宗辛巳　官典翰　父世紀　貫咸陽　居　序二十

鄭琢　字子精號藥圃生　中宗丙戌官右相贈領相叅耆社錄
扈聖功西原府院君謚貞簡享道正院又　贈領相以
忠生員　僑孫貫清州居醴泉　序二十一

已未九月二十日庭試榜　頒　順昌奏捷

甲科一人

乙科四人

丙科七人

庚申九月二十八日別試榜　御題　用人

甲科一人

乙科三人

具鳳齡　字景瑞號栢潭生　中宗丙戌官吏叅　贈吏判謚文端
享鳳溪祠父　贈吏叅　諱左政丞　鴻后貫綾州居安
東　序一

丙科十四人

徐 崦 父固貫大丘 序四

權文海 字灝元號草澗生中宗甲午官承旨贈吏判享鳳山院父祉貫醴泉居醴泉 序八

辛酉式年榜

甲科三人

乙科七人

姜 霽 字明遠號白石官吏佐享龍谷祠父引儀應清貫晋州居尙州 序一

丙科二十六人

文益成 字叔裁號玉洞生中宗丙戌官直提學享道淵院父進士翁貫南平居陜川 序二

高應陟 字叔明號杜谷官司成享洛峯院父夢聘貫濟州居善山 序五

孫英濟 字德裕號鄒川生中宗辛巳官持平享慕禮祠父凝貫密陽居密陽 序十一

壬戌春別試榜

甲科三人

乙科三人

金希鉤 字隣哉 官府使 父縣監 添壽 忠簡公 曾 后 貫金海 居密陽 序三

丙科二十人

權德輿 父愽 貫安東 序四

李光俊 字俊秀 號鶴洞 生中宗辛卯 官監司 贈禮叅 享梧陽院 父叅奉 汝諧 貫永川 居義城 序十五

李景明 父佑 貫固城 序二十

癸亥三月謁聖榜

甲科一人

乙科一人

丙科二人

甲子八月二十四日式年榜

甲科三人

金逸俊 字行遠生 中宗壬寅官府使父進士 憲校理有信孫
禮判 寬曾孫貫金海居密陽　序三

乙科七人

丙科二十三人

裵三益 字汝友號臨淵齊生 中宗甲午官觀察父贈兵判天
錫武烈公玄慶后貫興海居安東　序八

同年十月初八日別試榜

甲科一人

乙科二人

曺光益 字可晦號聚遠堂生 中宗丁酉官都事亨五峯院父
贈參贊允愼翰林孝淵孫翰林致虞曾孫襄平公益淸后
貫昌寧居密陽　序一

丙科九人

乙丑三月二十日謁聖榜　表　周太保諱勿旅癸

甲科一人

乙科一人

丙科二人

尹卓然 字尙中號重湖官戶判謚憲敏享彰義祠父 伊貫漆原
居漆原 序一

丙寅閏十月二十二日別試榜

甲科一人

乙科三人

金字宏 字敬夫號開岩生 中宗甲申官副提學享涑水院父
贈吏判希參貫義城居尙州 序二

丙科十三人

崔滉 字彦明號月潭生 中宗己丑官左賛成 贈領相父
贈領相汝舟副提學萬理玄孫文憲公冲后貫海州
序三

吳澐 字大源號竹牖生 中宗庚子官府尹享寒泉祠父叅奉
守貞貫高敞居榮川 序七

柳成龍 字而見號西厓生 中宗壬寅官領相錄光國扈聖功豊
原府院君謚文忠享屛山院父觀察仲郢郡守公綽孫貫

豐山居安東 序十一

同年閏十月二十八日重試榜

甲科一人

丁允禧 見丙辰謁聖 序一

乙科二人

丙科三人

文益成 見辛酉式年 序一

宣祖朝丁卯十一月初十日式年榜

甲科三人

乙科七人

丁胤福 父應斗貫押海 序四

丙科二十三人

金宇顒　字肅夫號東岡生　中宗庚子官吏參　贈吏判謚文貞
享東川院父　贈吏判希參貫義城居星州序一

元年戊辰六月十八日增廣榜

甲科三人

乙科七人

丙科二十三人

趙徽　父允誠貫豐壤　序三

尹先覺　改國馨一字粹夫號達村生　中宗癸卯官工判父　贈吏
判希廉文肅公　權后貫坡平居義城　一　序五

周博　字約之號龜峯生　中宗甲申官翰林享德淵祠父文敏
公世鵬貫尚州居漆原　序七

金信玉　父世琰貫善山　序十四

金誠一　字士純號鶴峯生　中宗戊戌官副提學錄宣武原從功
贈吏判謚文忠享臨川院父進士　璡直提學漢啓玄
孫貫義城居安東　序二十三

己巳九月二十五日謁聖榜

命官右相洪　暹文衡朴　淳
表周羣臣賀得三老

甲科一人

乙科二人

丙科四人

黃應奎 字仲文號松澗生 中宗戊寅官同敦寧 贈吏判 父
贈右贊成士祐大相石柱后貫昌原居豊基序二

同年十月二十一日別試榜

甲科一人

乙科三人

丙科十二人

姜緖 父士尚貫晉州　序二

庚午三月二十二日式年榜

甲科三人

黃暹 字景明號息庵生 中宗甲辰官大憲 贈吏判錄扈聖
原從功謚貞翼享愚谷院父司敦寧應奎大相石柱后貫

昌原居豊基　序二

乙科七人

高興雲　字天祥號溪亭生　中宗癸未官郡守　贈都承旨享竹谷祠父主簿胤宗提學士原后貫開城居尚州序六

丙科二十四人

李聃龍　父龜年　序一

金弘敏　字任甫號沙潭官都承旨享近岩院父縣監範兵議謙后貫商山居尚州　序三

丁鳳祐　父應汴貫押海　序六

金復一　字季純號南嶽生　中宗辛丑官司成享鳳山祠父贈吏判璡直提學漢啓玄孫貫義城居安東序二十三

壬申三月初十日春塘臺榜　表宋知製誥周述請以九經賜白鹿洞書院

甲科一人

乙科一人

丙科十三人

全應昌 字成之生 中宗己丑官刑佐父 珦文平公伯英后貫
夔山居大邱 序五

郭應機 字元啓生 中宗甲申官檢校父展力副尉 琮貫苞山
居玄風 序九

權斗文 父有年貫安東 序十二

同年三月二十日別試榜

甲科一人

乙科三人

呂應龜 父從濩貫星州 序二

丙科十二人

同年十二月初四日別試榜 試官柳希春 表宋司馬光請盡
仁明武之道

甲科一人

乙科四人

丙科十五人

癸酉三月十四日式年榜

甲科三人

乙科七人

權春蘭 字彦晦號晦谷生 中宗己亥官司諫享栢潭祠父錫忠 貫安東居禮安 序六

丙科二十四人

全慶昌 字季賀號溪東生 中宗壬辰官持平錄宣武原從功 贈應敎享研經別祠父將任郞 珣文平公伯英后貫慶 山居大邱 序三

李琠 字共甫號栗園生 中宗癸巳官持平享豊岩祠父進士 淑仁文莊公混后貫宣城居安東 序七

劉德蓋(益) 字施普生 中宗丁酉官正字父都事友參文襄公 荃后貫居昌居安義 序十四

李鄧林 字大材號孔岩生 中宗乙未官佐郞父 運文安公堅 幹后貫碧珍居漆谷 序十六

同年九月二十六日謁聖榜 表漢四皓謝命調護太子

甲科一人

乙科一人

丙科五人

甲戌九月十三日別試榜　表高麗講勿通女眞

甲科一人

乙科二人

丙科十二人

丙子三月二十二日式年榜

甲科三人

乙科七人

裵應聚　父茂元貫星州　序六

丙科二十四人

高尙顔　字思勿號泰村生　明宗癸丑官郡守享潁皐社父判尹天祐良敬公令臣后貫開城居尙州　序四

李逢春 字根晦號鶴川生中宗壬寅官直講享龍岩祠父 贈吏議希聖松安君子脩后貫眞寶居安東序十五

金玏 字希玉號柏岩生中宗庚子官大憲錄宣武原從功贈吏判諡敏節享龜江院父刑佐士文文節公 淡玄孫貫禮安居榮川

同年九月二十九日別試榜

唐四門博士韓愈進元和聖德詩 序二十

甲科一人

乙科二人

丙科十六人

李閎道 字靜可號遇岩生中宗戊戌官正郎父察訪 宏訓導河孫貫眞寶居禮安 序一

鄭彪 字文伯號覺今亭生中宗丁丑官縣監父司直成瑭襄平公 種玄孫靖節公 矩后貫東萊居昌序十

同年十月初十日重試榜

表唐杜甫謝墨制許自省家

甲科一人

曺光益 見甲子別試 序一

乙科一人

丙科四人

丁丑九月初九日謁聖榜　表宋彭思永請勿內降官資

甲科一人

乙科四人

丙科十人

吉誨　字士可生明宗己酉官翰林父進士勉之叅奉大淵孫
忠節公再后貫海平居善山序十

同年九月二十八日別試榜

甲科一人

表紳　號東丘官叅賛錄光國功晋興君謚懿簡父士尙貫晋州
居尙州序一

乙科五人

丙科十一人

鄭三變 父琚 貫迎日 序八

己卯五月初八日式年榜 殿策 六獎

甲科二人

洪履祥 字元禮號慕堂生明宗己酉官大憲贈領相謚文敬享文峯院父贈贊成脩貫豊山序一

乙科七人

丙科二十四人

權宣 字君赫號城谷生中宗辛卯官正字父生員偉器持平徵玄孫貫安東居安東序十八

庚辰二月二十五日謁聖榜 表宋程頤等進修正學制

甲科一人

乙科三人

丙科八人

黃暹 字光遠號宗皐生明宗甲寅官牧使贈都承旨父訓導汝奎直長士豪孫大相石柱后貫昌原居豊基序一

同年三月十八日別試榜　殿策　財用任人

甲科一人

乙科七人

丙科十九人

文　行　父應井　貫南平

安　壽　字汝止號東皐生　中宗戊戌官僉正錄宣武原從功　贈禮議父獻納　琇文成公　裕后貫順興居安東　序十三　序十七

壬午三月二十日式年榜

甲科三人

乙科七人

丙科二十五人

金九鼎　字景鎭號西峴生　明宗庚戌官府使陞嘉善錄宣武原從功父　贈戶議希俊貫咸昌居順興　序十四

金　洎　字希仲官奉常寺正父府使蘭宗叅贊　龜玄孫貫金海居昌原　序二十五

癸未四月初四日謁聖榜

甲科一人

乙科二人

丙科九人

姜雪　父應淸　貫晋州　序一

同年八月二十八日別試榜　殿策　兵食

甲科一人

乙科五人

呂大老　父應龜　貫星州　序四

丙科二十七人

同年十二月十六日庭試榜　策　制治保邦

甲科一人

乙科二人

丙科七人

甲申春塘臺榜　表宋張齊賢進條陳十策

甲科一人

乙科一人

黃是　字是之號負暄堂生明宗乙卯官副學錄宣武原從功一
父贈吏判應奎　贈贊成希聖孫貫昌原居豊基序一

丙科二人

同年八月二十七日別試榜　命官判中樞金貴榮吏判李山海
寺正黃暹　殿策推是心行是政

甲科一人

乙科二人

丙科七人

乙酉九月二十八日式年榜

甲科三人

高翰雲　父應陟　序一

乙科七人

金弘徵　字昌遠生　明宗丁巳官吏議享鳳山院父縣監範兵議謙后貫商山居尙州　序二

秦寘鴻　父崇信貫豐基　序五

丙科二十三人

柳宗介　字季裕生　明宗戊午官學諭贈禮議享文溪院父贊判書保　后貫豐山居禮安　序十八

同年十月十六日別試榜　文衡李山海

甲科一人

乙科二人

丙科九人

安憙　字彥優號竹溪生　明宗辛亥官府使享杜陵祠父公軫文成公裕后貫順興居咸安　序一

金應龍 字時見號月潭生　明宗辛酉官吏正父聃壽貫義城居星州序三

宋光庭 (廷)字贇哉號松澗生　明宗丙辰官持平父進士惟敬忠肅公希奎曾孫冶城君吉昌后貫冶城居星州序四

丙戌九月初九日謁聖榜 表唐李泌乞還衡山

甲科一人

乙科二人

鄭經世 字景任號愚伏生　明宗癸亥官吏判贈左贊成謚文莊享愚山院父贈贊成汝寬貫晋陽居尙州序二

丙科六人

同年九月十二日別試榜 殿策　六經

甲科一人

乙科二人

丙科十一人

同年九月二十九日重試榜

甲科一人

乙科一人

丙科四人

戊子三月二十六日式年榜

甲科三人

鄭文孚 父愼明 貫海州 序二

乙科十七人

丙科二十四人

金澤龍 字施普 號操省堂 生明宗丁未 官府使 錄靖難功 享寒泉祠 父贈承旨 揚震 貫義城 居禮安 序五

尹銑 父彥禮 貫坡平 序十一

孫起陽 父秉濟 貫密陽 序二十二

盧盖邦 字維翰 官教授 享忠孝祠 父馹 貫豊川 居大邱 序二十四

同年五月二十九日謁聖榜　表漢鄭衆謝拜軍司馬

甲科一人

乙科一人

丙科九人

趙翊　字棐重號可畦生　明宗丙辰官掌令享涑水院父　贈左承旨光憲刑佐　夏后貫豊壤居尙州　序七

己丑增廣榜

甲科三人

申之悌　字順夫號梧峯生　明宗壬戌官同副承旨錄宣武原從功　贈吏叅享藏待院父　贈承旨夢得按廉使祐后　貫鵝洲居義城　序三

乙科七人

金垓　字達遠號近始齊生　明宗乙卯官檢閱　贈吏判父文純公富弼貫光山居禮安　序七

丙科二十四人

文　勵　字子善號雲溪生　明宗癸丑官輔德錄宣武原從功父直提學益成進士一翁孫貫南平居陜川　序十一

朴思齊　父　優貫竹山　序十二

庚寅十月增廣榜　殿策宋趙普請勿先下太原

甲科三人

李　魯　字汝雄號松岩生　中宗甲辰官正言贈吏判父引儀範貫固城居宜寧　序三

乙科七人

金光燁　父　琛貫順天　序四

金尙寯　字汝秀號休庵生　明宗辛酉官刑叅贈左贊成父達孝太師宣平后貫安東居永川　序五

丙科三十人

金　涌　字道源號雲川官叅議　贈吏叅享龜溪院父察訪守一贈吏判璉孫貫義城居安東　序一

姜　綖　父士弼貫晉州　序十一

朴明摶　字汝昇號知足堂生辛未官禮叅錄宣武原從功　贈吏判配花川院父　灤貫密陽居安義　序二十九

辛卯九月式年榜

甲科三人

崔山立 父魯貫全州 序二

乙科七人

成安義 字精甫號芙蓉堂生 明宗己酉官承旨錄宣武原從功選濟白吏 贈吏判享燕岩院父叅奉績貫昌寧居昌寧 序六

丙科二十四人

金蓋國 字公濟號晚翠官禮正 贈左承旨享三峯院父夢得貫禮安居枽川 序十

權 澄 (濟)父文顯貫安東 序十三

河受一 字太易號松亭生 明宗癸丑官都事享大覺院父沔文貞公恃源后貫晉州居晉州 序二十

同年十月別試榜

甲科一人

李惟誠 父晁 貫星州 序一

乙科二人

呂祐吉 父順元 貫咸陽 序一

丙科十二人

李竣 字叔平 號蒼石 生明宗庚申 官副提學 贈吏判 諡文簡 享玉城院 父贈承旨 仁壽 良 敬公堰 后 貫興陽 居尙州 序五

趙溭 父守元 貫豊壤 序十

盧景任 字弘仲 號敬庵 生己巳 官校理 贈直提學 享松山院 父進士守誠 貫安康 居善山 序二十二

壬辰七月初三日義州別試榜 義州行在所試取 論 王業不偏安

甲科一人

乙科一人

丙科一人

癸巳十二月二十八日全州別試榜　東宮駐全州時試取　表　晉尚書令刁協請須洛議

郊祀之禮

甲科一人

乙科一人

丙科七人

同年二月二十九日庭試榜　表　明韓取善請運粮救朝鮮

甲科一人

乙科三人

丙科九人

同年十一月十九日庭試榜　表　夏羣臣賀菲衣惡食

甲科一人

乙科三人

丙科六人

同年十一月二十三日別試榜

表○○請留敎師數人訓鍊軍民

甲科一人

乙科三人

丙科十五人

乙未十二月初六日海州別試榜

表宋張浚請親臨連江以動中原之心

甲科一人

乙科一人

丙科一人

同年十二月二十八日別試榜

表宋範鎭請使中書樞密三司通知兵民財利以制國用

甲科一人

乙科二人

丙科十二人

丙申十一月二十六日庭試榜　表唐李泌請令韓皐歸省其父逨運幰儲

甲科一人

乙科四人

丙科十五人

丁酉三月十五日別試榜　重試對擧初試三百人分兩所初場論賦終場策講經書殿策甲戰守

甲科一人

乙科五人

丙科十三人

同年四月初二日重試榜　表諸葛亮勿自菲薄以塞忠諫之路

甲科一人

乙科一人

丙科二人

同年四月庭試榜　表唐高崇文謝詔專制征蜀將士

甲科一人

乙科三人

李民宬　字寬甫號敬亭生庚午官承旨享藏待院父監司光俊貫永川居義城　序三

丙科五人

同年四月初八日謁聖榜　表漢班超謝徵還京師

甲科一人

乙科二人

丙科五人

已亥庭試榜　表唐李泌謝命作蓬萊院

甲科一人

乙科三人

丙科六人

同年七月二十六日別試榜　命官領相李山海　殿策　人才

甲科一人

乙科三人

李三省　父春蘭　貫星州　序一

丙科十二人

權泰一　父春桂　貫安東　序四

庚子四月十七日別試榜　殿策　畏民

甲科一人

乙科三人

南復圭　字汝容　生明宗己未　官掌令　父好仁　校尉　恒年曾孫　判書暉　珠后　貫英陽　居安東　序一

丙科十二人

柳仲龍 父有春 貫文化 序一

李民宬 字而壯號紫岩生癸酉官刑叅錄宣武原從功 贈吏判
謚忠簡父監司光俊貫永川居義城 序四

李涵 以用老莊語特拔去更登己酉增廣 序十二

辛丑五月二十三日式年榜 兵火之中未行甲午丁酉兩式年
庚子式今始退行而以經籍盪盡
四書盡講三經自願一經 殿策命官領相李恒福主文
沈喜壽弘提李好閔

甲科三人

乙科七人

鄭仁涵 字德渾號琴月軒生 明宗丙寅官縣監 贈吏叅享雲
溪院父承旨 健縣監 僖曾孫貫瑞山居陜川序六

丙科二十四人

宋光啓 字君沃號龍溪生戊辰官宗簿寺正父進士惟敬忠肅公
希奎曾孫冶城君吉昌后貫冶城居星州 序五

洪瑋 父 訴 貫南陽 序十六

琴愷　父蘭秀貫奉化　序十八

琴㦂(忭)父蘭秀貫奉化　序十九

權㖐(暐)父審行貫安東　序二十一

李㝷　字光仲號壺峯生戊辰官獻納　贈吏議父忝奉元晦松　安君子脩后貫眞寶居安東　序二十二

壬寅九月初九日謁聖榜　論　漢文帝與匈奴和親

甲科一人

乙科一人

丙科三人

同年十月十六日別試榜　試官文衡李山海　策　九經八條

甲科一人

乙科三人

裵龍吉　字明瑞號琴易堂生　明宗丙辰官檢閱錄原從功　贈左承旨父觀察三益貫興海居安東　序一

丁好寬 父胤福 貫押海 序二

丙科七人

崔有源 字伯進 號秋峯 生 明宗辛酉 官大憲 贈判書 父贇成
滉 贈領相汝舟孫文憲公 冲后 貫海州 序四

黃敬中 父琇 貫昌原 序六

癸卯正月初八日庭試榜 殿策 祭祀 命官領相李德馨 府院
君尹根壽 禮判李廷龜 輔德柳夢寅

甲科一人

乙科二人

丙科七人

任袞 父榮老 貫豐川 序七

同年十月十九日式年榜 殿策 安危治亂

甲科三人

李彥英 字君顯 號浣石亭 生戊辰 官承旨 父佐郞鄧林 文安公堅
幹后 貫碧珍 居漆谷 序一

吳汝檥　字景虛號敬庵生己卯官校理錄宣武原從功　贈應教
享南溪祉父副正　滑　贈吏叅守貞孫夆陽君季孺后
貫高敞居榮川　序二

乙科七人

朴　晫　字潤甫號悔易堂生丙子官判校錄宣武原從功享追遠
祠父都事善長綿城君文晤后貫務安居順興序五

丙科二十三人

辛義立　字子方號竹屋生　明宗乙丑官禮議父進士乃沃通政
仲坤孫太師夢森后貫寧越居醴泉　序五

全　提　字淨遠號沙西生　明宗癸卯官知事　贈左相謚忠簡
享玉洞院父　贈吏判汝霖版圖判書　淑后貫沃川居
尙州　序六

宋聃壽　父景老貫順興　序十四

鄭麟瑞　字士仁生　明宗丁巳官提督父　贈兵叅　追忠節公
初后貫海州居開寧　序十八

崔挺豪　父守道貫忠州　一　序十九

乙巳四月初一日增廣榜

甲科三人

乙科七人

金憲 字晦仲號松灣生 明宗丙寅官壁守享龜湖院父工佐綏吉洛城君先致后貫商山居尚州 序二

任章 父榮老貫豊川 序四

丙科二十三人

丁好恭 父胤福貫押海 序一

洪霶 字景望號芝溪生癸酉官大憲父大憲履祥國學之慶后貫豊山 序四

朴善長 字汝仁號水西生 明宗乙卯官都事贈吏叅享龜灣院父正郎全綿城君文晤后貫務安居順興 序十七

李汝馪 號恢沙官典籍享見一祠父孝信中市令秀亨玄孫貫羽溪居榮川 序十九

趙靖 字安仲號黔澗生 明宗乙卯官寺正贈吏叅錄宣武原從功享涑水院父 贈承旨光憲刑佐 夏后貫豊壤居尚州 序二十一

同年六月二十五日庭試榜 詔唐太宗復立魏徵踣碑

甲科一人

乙科一人

丙科五人

曺友仁 字汝益號頤齊生明宗辛酉官承旨父中樞夢臣少監松君后貫昌寧居尚州序一

同年十二月十七日別試榜 殿策

甲科一人

乙科二人

鄭維藩 字德輔號𥿬翁生明宗壬戌官大成父校尉雍臣校理以僑后貫迎日居金山序二

丙科九人

丙午十月初九日增廣榜

甲科三人

乙科七人

嶠南科榜録龍榜卷之一　六十九

黃有中　字中正號釣臺生　明宗甲子官叅議父貞翼公遲左
贊成士祐曾孫大栢石柱后貫昌原居豊基序五

丙科二十六人

崔晛　字季昇號訒齋生　明宗癸亥官副學　贈左贊成完
城君謚定簡享松山院父　贈叅贊　深縣監水智玄孫
貫全州居善山　序四

金光煜(煌)　字晦言生甲申官察訪　贈吏叅父刑叅尚篤太師宣
平后貫安東居永川　序六

黃謹中　父琇貫昌原　序十六

同年十二月初一日式年榜

甲科三人

乙科七人

李徽音　字汝翁號龟岩生乙亥官檢閱父　贈兵叅介立文靖公
蓮衷后貫月城居榮川　序二

高仁繼　字善承號月峯生　明宗甲子官司藝錄宣武原從功享
孝谷院父郡守興雲提學士原后貫開城居尚州序七

丙科二十三人

李潤雨 字武伯號石潭官工議贈吏叅享泗陽院父熙復貫廣州居漆谷　序四

鄭彥宏 父承祖貫東萊　序五

全以性 字性之官府使父緈貫龍宮居龍宮　序九

孫遴 字季進號聞灘生明宗丙寅官縣監享鳳山祠父部將德雲戶議肇瑞后貫一直居大邱　序十二

洪鎬 字叔京號無住生丙戌官大諫父司正德祿文匡公貴達后貫缶林居咸昌　序十三

李埈 父孝犇貫羽溪　序十九

郭永禧 父翅貫玄風　序二十

申楫 父慶男貫寧海　序二十一

光海時戊申十二月十五日別試榜

殿策　酒侈

甲科一人

乙科三人

丙科十八人

裵大維 字子張號慕亭生 明宗癸亥官叅贊父 贈贊成漢
盆城君元龍后貫盆城居靈山 序十

同年十二月二十日重試榜　表 唐郭子儀謝封汾陽王

甲科二人

乙科三人

丙科四人

己酉十月十九日增廣榜　殿策 愼終始

甲科三人

乙科七人

朴守緒 父芝貫咸陽 序二

李日章 字晦叔號海槎生 宣祖壬申官縣令父 贈承旨信吉
教官成遠孫文烈公兆年后貫星州居鎭海 序四

丙科二十三人

李涵 字養源號雲嶽生 明宗甲寅官縣監 贈吏叅父承旨
殷輔縣監璦孫副學孟賢曾孫貫載寧居寧海 序十五

曹挺立　字以正號梧溪生　宣祖癸未官大成父府使應仁昌城
君繼衡后貫昌寧居陝川　序十九

宋璘　父餘慶貫慶州　序二十二

庚戌五月初一日式年榜　殿策　錢帛

甲科三人

金中清　字而和號苟全官承旨享尊德祠父夢彪貫安東居禮安　序二

乙科七人

丙科二十三人

李浹　父惟一貫慶州　序二

金貞　父洛瑞貫安東　序十四

同年九月初九日謁聖榜　表宋翰林學士歐陽脩請勿以柿木成
文太平字宣樂中外

甲科一人

乙科二人

丙科四人

同年十二月初三日別試榜　殿策　崇道學　命官左相李恒福　文衡李廷龜　考官刑判朴承宗

甲科一人

乙科三人

鄭　蘊　字輝遠號桐溪生　宣祖己巳官吏參贈吏判謚文簡　享道山院父吏判惟明貞簡公　文后貫草溪居安義　序二

丙科十六人

宋遠器　父師灝貫治爐　序十四

辛亥三月十九日別試榜　殿策　時措　命官右相沈喜壽

甲科一人

乙科五人

丙科十六人

壬子四月二十一日式年榜

殿策　俗倘　文衡李廷龜

甲科三人

乙科七人

權斗南　字景望號亦樂堂生　宣祖癸酉官兵正父贈參議用中護軍　諱孫檢校　倘后貫安東居榮川序五

丙科二十五人

金友益　字擇之號斗岩生　宣祖辛未官庶尹父僉正允誼參奉澤民孫文節公淡后貫禮安居榮川序二

金淶　(淮)字巨源號敬庵生　宣祖戊寅官正郞父贈持平士貞忠烈公方慶后貫安東居義城序十

李廷賢　字元老號月峯生　宣祖丁亥官正字贈掌樂正父若進士陽后貫星山居星州序十一

朴璔　父永齡貫高靈　序十四

權省吾　父虎臣貫安東　序十六

黃尙謙　父怡貫平海　序十九

金延祖　字　號廣麓生　宣祖乙酉官正字父贈吏參大賢文靖公義貞曾孫工參揚震玄孫貫豊山居榮川序二十

同年九月初九日增廣榜 殿策 史記

甲科三人

金允安 父 慱貫順天 序二

乙科七人

金寧 字汝和號遯峯生 明宗丁卯官兵曹參知享勝岩院父 習讀崇烈忠順公 宣后貫善山居善山 序一

辛弘立 字公遠號秋厓生 明宗戊午官校理父進士乃沃通政 仲坤孫太師夢森后貫寧越居安東 序二

鄭植 字直夫號晩悟生 宣祖己巳官都事贈都承旨父文 穆公逑文愍公 摠后官淸州居星州 序五

姜大進 (遂)字學顔號寒沙生 宣祖辛卯官副學享道淵院父禮 判翼毅烈公民瞻后貫晋陽居陜川 序七

丙科二十三人

權潗 字達甫號默翁生 宣祖癸巳官掌令父判官世仁忠憲 公仲達后貫安東居丹城 序二

金榮祖 字孝仲號忘窩生 宣祖丁丑官吏參享龜江院父 贈 吏參大賢文靖公義貞曾孫工參揭震玄孫貫豊山居榮 川 序十

金玲 字子掞號溪岩生 宣祖丁丑官司諫贈吏判諡文貞 父縣監言倫 贈戶叅 綏孫貫光山居禮安序二十二

癸丑酉月十八日謁聖榜 頒 澶淵却虜

甲科一人

乙科二人

丙科三人

同年十月初十日增廣榜 殿策 官制上試官府院君柳根

甲科三人

金奉祖 字 號鶴湖生 宣祖壬申官持平享鷗湖院父吏叅 大賢文靖公義貞曾孫貫豊山居榮川序二

乙科七人

黃紐 號槃澗官校理配玉洞院父俊元翼成公 喜后貫長水 居尚州 序六

吳汝㯳 字隆甫號洛厓生 明宗辛酉官輔德父 工 議 澐叅奉 守貞孫貫高敞居高靈 序七

丙科三十二人

金是柱 父涌 貫義城 序八

姜鏻 父渭老 貫晋州 序十二

權濬 字道甫 號霜岩 生宣祖戊寅 官牧使 父判官世仁 忠憲公仲達后 貫安東 居丹城 序二十五

權濤 字靜甫 號東溪 生宣祖乙亥 官副學 贈吏判 謚忠康 享浣溪院 父贈承旨世春 忠憲公仲達后 貫安東 居丹城 序二十七

李之華 字而實 號茶圃 生宣祖戊子 官兵議 父承旨宗文 貫全義 居達城 序二十八

曺挺生 父應仁 貫昌寧 序二十九

李之英 字子實 號水月堂 生宣祖乙酉 官北評事 贈司諫 父承旨宗文 貫全義 居達城 序三十

甲寅十一月二十日全州別試榜 策

甲科一人

乙科一人

丙科二人

乙卯三月式年榜

甲科三人

李䇺　父德弘　貫永川　序二

趙錫朋　父工叅　穆　貫橫城　居禮安　序三

乙科七人

丙科二十三人

李苙　字馨遠　號琴鶴堂　生　宣祖辛未　官說書　父弘　贈吏叅德　貫永川　居榮川　序三

朴宗胄　字彦仲　號二憂軒　生　宣祖辛卯　官都承旨　父弼善光吉　縣監廷琬孫　贈兵判　承老后　貫高靈　居高靈　序五

吳益煥　字叔晦　號晩峯　生　宣祖甲午　官玉堂　父輔德汝橃　工議澐孫　貫高敞　居高靈　序九

朴宗胤　字彦長　號南崖　生　宣祖甲午　官吏佐　父主簿元甲　生員廷璧孫　贈兵判　承老后　貫高靈　居高靈　序十三

李參　（慕）字孝思　號小白　生　宣祖壬午　官修撰　父贈吏叅德弘　小尹　軒后　貫永川　居榮川　序二十

同年九月二十一日謁聖榜

表漢鄭均謝幸其舍賜尙書錄

甲科一人

權晵（業）字霽仲號龜沙生　宣祖甲戌官兵議陞嘉善父叅奉悟文忠公　近后貫安東居慶州　序一

乙科二人

丙科五人

丙辰四月增廣榜

殿策　籍田　朝陽追崇妃誥命稱慶設科常額外文武各加七人

甲科三人

乙科七人

丙科三十一人

金揚善　父錫光貫善山　序六

許𤍣　父洪材貫金海　序七

尹左璧　父銑貫坡平　序八

同年八月初十日謁聖榜

表唐羣臣謝椸柳文文衡李爾瞻

甲科一人

乙科二人

丙科七人

李葳　父德弘　貫永川

同年十月初一日別試榜　重試對擧　殿策　褒功　序五　文衡李爾瞻

甲科一人

乙科七人

丙科十九人

同年十月重試榜　表　漢校尉習隆請立諸葛亮廟於沔陽

甲科一人

乙科二人

丙科四人

丁巳九月二十四日謁聖榜 禮曹請依平安道士民之願建立箕子崇仁殿碑以闡仁賢之化

甲科一人

乙科一人

丙科三人

戊午七月二十七日庭試榜 表唐中書令李晟謝令左右扶上馬

甲科一人

乙科一人

丙科四人

同年九月十九日增廣榜 殿策 頒錄 制額外文武各加七人

甲科三人

丙科七人

朴守弘 父鼎實貫密陽 序二

丙科三十八人

李宜活 字浩然號雪川生宣祖癸酉官郡守父判官應仁文元
公彥迪孫貫驪州居慶州 序四

柳震禎 號石軒生宣祖癸卯官翰林父景海掌令灝后貫全
州居慶州 序十四

朴光先 字克懋號笑皐生宣祖己巳官強善父贈吏參廷琬
贈兵判承老后貫高靈居高靈 序十六

裵弘佑 字綏甫號養志齋生宣祖庚辰官說書父參知大維盆
城君元龍后貫盆城居靈山 序二十

李榮久 字長吉號南山生宣祖壬辰官學諭陷逆政父蒔贈
吏參德泓孫貫永川居榮川 序二十八

同年式年榜 以有七人文之譏不設殿試癸亥反正後改試
十二人入格賜第一人追付丁卯式其餘削去

己未九月十八日水原松都別試榜 永崇殿太祖影幀奉先
殿世祖影幀亂後圖失

故移摹上來因國家多故留仕於水原松京以至經年今
年九月初三日始遣承旨禮議并奉安于奉先殿設科兩
處分遣翰林賫策題而兩處一題收券封來命大臣主文
提學對讀官三員合兩處科次出榜

甲科一人

乙科一人

丙科二人

同年十月十六日謁聖榜　擬平安道走回軍等請自作先鋒直擣奴穴

甲科一人

乙科一人

丙科一人

同年十二月二十八日庭試榜　表　唐陸贄謝考功郎中

甲科一人

乙科一人

丙科一人

庚申七月十三日庭試榜　表　漢臣賀中齊山

甲科一人

乙科四人

丙科十人

辛酉九月二十四日庭試榜 鍊訓鍊都監進忠烈錄 命官領相朴承宗主文李爾瞻

甲科一人

乙科一人

丙科九人

李晉哲 字明叔號雙溪生 宣祖辛卯官左通禮享文陽社父僉樞 懷獻納景嵲孫靖孝公 補后貫全州居安東序八

同年十月初九日謁聖榜 表漢姜胲辭 詔圖其形

甲科一人

乙科三人

丙科五人

同年十月二十日別試榜 癸亥反正後只取十一人其餘削去

甲科一人

乙科三人

丙科二十六人

嶠南科榜錄龍榜卷之一終

嶠南科榜録龍榜卷之二目録

仁祖癸亥謁聖十八

同年庭試四人

同年式別合試二十四人

甲子公州別試六人

同年別試十一人

同年增廣三十八人

同年謁聖四人

同年式年三十四人

乙丑別試十二人

丙寅別試十六人　全榜龍榜

同年庭試四人

嶠南科榜録龍榜卷之二目録

同年重試八人

丁卯全州庭試四人

同年江華庭試四人

同年庭試七人

同年式年三十四人

戊辰別試十一人

同年別試十四人

同年謁聖五人

己巳別試二十五人

同年庭試五人

庚午式年三十三人

同年別試十人

辛未別試十五人
壬申謁聖五人
癸酉增廣三十三人
同年式年三十三人
甲戌別試十二人
乙亥謁聖八人
同年增廣四十三人
丙子別試十一人
同年重試六人
丁丑庭試十一人
同年別試十八人　內一人削
戊寅庭試十五人

己卯謁聖七人
同年別試十六人
同年式年三十三人
辛巳庭試八人
壬午式年三十三人
同年庭試五人
癸未平安道別試四人
甲申庭試七人
同年別試十九人
乙酉別試十五人
丙戌式年三十四人
同年重試八人

同年庭試七人
戊子庭試九人
同年式年三十四人
己丑別試十三人
同年庭試七人
孝宗庚寅增廣三十三人
辛卯庭試四人 內一人削
同年式年三十三人
同年謁聖七人
同年別試十七人
壬辰增廣三十三人
癸巳謁聖七人

同年別試十五人
甲午春塘臺六人
同年式年三十四人
乙未春塘臺七人
丙申別試十人
同年重試八人
丁酉式年三十四人
同年謁聖五人
顯宗庚子式年三十五人
同年增廣三十四人
壬寅增廣四十一人
同年庭試十三人

癸卯式年三十三人
甲辰春塘臺八人
同年咸鏡道別試三人
乙巳庭試十一人
同年溫陽庭試九人　内一人削
同年別試十三人
丙午式年三十八人
同年溫陽庭試三人
同年別試十人
同年重試五人
戊申別試十三人
同年庭試九人　全榜龍榜

己酉年安道別試四人

同年式年三十三人

同年庭試七人

庚戌別試十人

辛亥庭試八人

壬子別試二十一人

癸丑春塘臺十人

同年式年三十四人

肅宗乙卯式年三十四人

同年增廣三十四人

丙辰庭試九人

丁巳謁聖七人

戊午增廣四十二人
同年庭試十人
己未庭試十人
同年重試八人
同年式年三十六人
庚申春塘臺四人
同年庭試九人
同年別試二十人 內二人削
辛酉謁聖八人
同年式年三十三人
壬戌春塘臺十人
同年增廣三十五人

癸亥增廣三十五人

甲子庭試二十人

同年式年三十六人

丙寅謁聖九人

同年別試十五人

同年重試七人

同年咸鏡道別試三人

同年庭試七人

丁卯謁聖八人

同年式年三十八人

己巳增廣三十八人

庚午式年四十人

龍榜 卷之二 目錄

同年庭試五人

辛未增廣四十二人 內一人削

同年謁聖五人

壬申春塘臺六人

癸酉式年四十人

同年謁聖七人

松都庭試三人

甲戌謁聖七人

同年別試二十六人

乙亥平安道別試四人

同年別試十四人

丙子庭試九人

同年式年三十五人
丁丑庭試十五人 內一人削
同年重試八人
戊寅謁聖六人
己卯庭試十七人
同年式年四十人
同年增廣三十四人 內四人更登他科八人削
庚辰謁聖三人
壬午謁聖九人
同年咸鏡道別試四人
同年式年三十八人
同年別試十三人

甲申春塘臺八人
乙酉式年四十一人
同年謁聖五人
同年增廣三十一人
丙戌庭試七人
丁亥別試十二人
同年重試七人
戊子式年三十七人
己丑謁聖五人
庚寅增廣四十一人
同年春塘臺五人
辛卯式年三十六人

壬辰庭試十九人 內四人削
癸巳增廣五十一人
甲午增廣三十九人 內二人追附後榜
乙未式年三十五人
丁酉溫陽庭試七人 內一人削
同年平安道別試四人
同年咸鏡道別試四人
同年庭試五人
同年式年四十二人
同年重試五人
戊戌庭試十三人
己亥別試十人

同年增廣三十四人
同年謁聖四人
景宗辛丑庭試七人
同年式年三十四人
同年增廣三十二人
壬寅庭試九人
同年謁聖七人
癸卯增廣四十一人
同年別試十三人
同年庭試五人
同年式年三十五人
英宗乙巳庭試十五人

同年增廣四十四人 內一人削

同年庭試二十人

丙午江華別試五人

同年式年三十五人

同年謁聖七人

丁未obi廣四十三人

同年庭試五人

同年重試五人

戊申春塘臺三人

同年平安道別試五人

同年別試十五人

同年庭試六人

己酉式年四十一人
庚戌庭試二十八
辛亥庭試五人
同年咸鏡道別試五人
壬子庭試十人
癸丑謁聖五人
同年式年五十一人
甲寅庭試六人
同年春塘臺五人
乙卯增廣四十二人
同年式年三十七人
同年庭試七人

丙辰庭試十五人
同年庭試十人
同年謁聖五人
丁巳別試十七人 內一人削
同年重試八人
戊午式年四十一人
己未謁聖十人
同年庭試十九人
庚申庭試七人
同年謁聖四人
同年松都庭試三人
同年增廣五十一人

辛酉式年三十七人
壬戌庭試十人
癸亥謁聖六人
同年庭試二十六人
甲子庭試十人
同年式年三十七人
同年庭試六人　內人一削
乙丑庭試十二人
丙寅庭試九人
同年謁聖五人
同年重試七人
同年平安道別試五人

同年春塘臺五人

同年咸鏡道別試四人

丁卯式年三十四人

同年庭試十五人

戊辰庭試九人

己巳謁聖九人　內一人削

庚午式年五十一人

同年謁聖五人

同年溫陽庭試七人

辛未試庭十八人　內一人削

同年庭試二十四人

壬申庭試二十五人

癸酉謁聖七人

同年庭試十二人 內一人削

同年庭試十五人

同年式年三十六人

甲戌道科八人 內一人削

同年增廣四十人

乙亥咸鏡道別試七人

同年庭試十人

同年庭試十五人

丙子庭試三十五人

同年耆老庭試六人

同年式年三十八人

同年庭試八人

丁丑庭試十五人

同年庭試八人

同年重試七人

己卯式年五十六人

同年別試十二人

同年謁聖六人

同年庭試十一人

辛巳庭試三十一人

壬午謁聖三人

同年式年三十七人

同年庭試十七人

癸未耆老庭試六人 內一人削
同年增廣五十三人
甲申忠良試三人
同年江華別試四人
同年庭試五人
乙酉式年五十二人
同年謁聖五人
丙戌庭試十三人
同年重試八人
同年庭試六人
同年庭試十人
同年庭試二十人

丁亥庭試三人
同年謁聖十人
同年重試六人
戊子式年五十七人
同年庭試八人
己丑庭試三人
同年耆老庭試五人
同年庭試十五人
庚寅庭試十五人
辛卯庭試十四人
同年式年七十四人
同年庭試二十人

壬辰耆老庭試五人
同年蕩平別試十人
同年庭試十九人
癸巳增廣六十人
同年庭試二十人
甲午式年四十六人
同年登俊試十五人
同年庭試二十人
同年咸鏡道別試六人
同年平安道別試六人
同年增廣四十四人
乙未庭試三十四人　內原榜二十人丁酉削甲辰庚戌兩年次次復科二人以禮曹防啓未復

同年庭試二十人
同年追殿試五人
同年求賢試五人
同年庭試十六人 内三人削
丙申耆老庭試三人
仁祖朝四十八榜七百五十八人
重試四榜二十七人
孝宗朝十四榜二百四十五人
重試一榜八人
顯宗朝二十三榜四百人
重試一榜五人
肅宗朝七十三榜一千四百二十七人

重試五榜三十五人
景宗朝九榜一百八十三人
英宗朝一百十九榜二千一百三十四人
重試六榜四十一人
都合二百十六榜五千一百四十七人
重試合十七榜一百十六人

嶠南科榜錄龍榜卷之二目錄終

嶠南科榜錄龍榜卷之二

仁祖元年癸亥五月初二日謁聖榜　策　愼終于始

甲科一人

乙科三人

丙科六人

金應祖　字孝徵號鶴沙生宣祖丁亥官右尹配勿溪院父贈吏
叅大賢文靖公義貞曾孫貫豊山居榮川序四

同年五月十三日庭試榜　策　綱紀

甲科一人

申達道　字亨甫號晩悟生宣祖丙子官修撰贈都承旨父
贈承旨佐　贈叅議元祿孫按廉使祐后貫鵝洲居
義城　序一

乙科一人

丙科二人

同年八月十二日式年別試合試榜　策　問王伯

甲科三人

乙科六人

丙科十五人

金致信　字景實號竹村生　宣祖乙酉官典籍父直長　進吏正
健玄孫月城府院君天瑞后貫慶州居玄風序六

郭崦　字子立官博士父宗閔郡守　趯玄孫淮白吏安邦后貫
苞山居玄風　序十三

甲子二月十六日公州庭試榜　表宋李綱請治張邦昌僭逆之罪

甲科一人

洪霫　(霎漢)字伯升號花圃官峯令　贈領相謚忠正父校尉大
成貫南陽居奉化　序一

乙科二人

丙科三人

全克恒　字德古號虬川生　宣祖辛卯官禮正　贈都承旨享忠
烈祠父忠簡公　湜貫沃川居尙州　序一

同年四月二十八日別試榜

甲科一人

乙科二人

丙科八人

同年九月二十九日增廣榜　殿策　天者不言之聖人

甲科三人

乙科七人

金知復　父覺　貫永同　序二

申悅道　父仡　貫鵝洲　序三

丙科二十八人

金輳　父應㚖　貫海平　序五

呂焯　字晦仲號虎溪生宣祖丙戌官相禮父生員允恕持平希臨曾孫工判必海后貫星山居星州　序七

鄭杺 字文中生宣祖丁酉官翰林父文莊公經世判官澤后貫晋陽居尙州 序十五

朴敦復 字無悔號滄洲生宣祖甲申官掌令贈司諫父僉正應發進士元基玄孫判書義龍后貫務安居寧海 序十七

琴忠遠 父是詠貫奉化

同年十月二十日謁聖榜 表 唐監察御史魏靖請詳覆大獄以伸冤枉 序二十二

甲科一人

乙科一人

丙科二人

同年十一月初六日式年榜

甲科三人

乙科七人

金天瀣 字大源生明宗甲子官典籍父聃老貫義城居星州 序七

丙科二十四人

郭龍伯 父守智 貫淸州 序二

金光宇 父希信 貫順天 序四

南碟(而大) 字鍊夫 號無忘齋 生宣祖戊戌 官僉正 贈都承旨 父贈承旨隆達 判書暉 珠后 貫英陽 居安東 序五

全益禧 字子綏 號雪月堂 生宣祖戊戌 官持平 享方山院 父奉事磊 生員應斗 曾孫 司直希哲 后 貫沃川 居榮川 序七

呂爾徵 父裕吉 貫咸陽 序十

李暢(來) 字彥瞻 號柱峯 生宣祖戊子 官掌令 父護軍味道 贈叅議憲 孫 貞愍公瀣 曾孫 貫眞寶 居禮安 序十九

乙丑八月二十六日別試榜

甲科一人

金宗一 字貫之 官校理 父慶龍 貫月城 居慶州 序一

乙科一人

丙科十八

金洸(金) 字汝精 號孤山 生宣祖丙申 官郡守 父承仕郎首善 生員士明 曾孫 文節公淡 后 貫禮安 居榮川 序三

丙寅七月二十六日別試榜

重試對舉兼 世子八學稱慶
命官右相申欽 殿策歷年長
短罷榜試官罷職 命官以大臣獲不罷武科不罷而
合庭試

甲科一人

乙科三人

丙科十二人

同年八月十八日庭試榜

別試罷榜後以舉子多聚京師別設庭
試慰悅箴 守成

甲科一人

乙科一人

丙科二人

同年八月二十三日重試榜

表 漢蕭何謝不治自追韓信之罪

甲科一人

乙科二人

丙科五人

呂爾徵 見甲子式年

丁卯二月十八日全州庭試榜 序三
東宮分朝南下駐駕全州試取只
取兩湖人箴 殿憂啓聖

甲科一人

乙科一人

丙科二人

同年二月二十日江華庭試榜 頌 舞干羽于兩階上避虜兵
駐駕于江華

甲科一人

乙科一人

丙科三人

同年七月二十九日庭試榜 論 删後無詩

甲科一人

乙科二人

丙科四人

同年九月初七日式年榜 殿策 戰守和

甲科三人

乙科七人

都愼終 字永叔號止岩生 宣祖戊戌官府使享龍湖院父務功 郞汝兪虞侯欽祖言貫星州居大邱 序二

李樟 父瑞生貫碧珍 序五

丙科二十四人

成以性 父安義貫昌寧 序一

金謀 父德男貫咸昌 序八

郭瀜 字彥叔號鷗谷生 宣祖庚子官典籍父戶佐再祺監司 越孫縣監之藩曾孫貫苞山居玄風 序十四

鄭好仁 序二十一

戊辰四月初八日別試榜　殿策　順民心　文衡張維

甲科一人

乙科三人

丙科七人

鄭弘緒　字克承號松灘生宣祖辛未官察訪父縣監大民文獻公汝昌玄孫貫河東居咸陽　序一

同年九月十五日別試榜　策　修身安民制敵　文衡張維

甲科一人

乙科四人

丙科九人

同年九月二十五日謁聖榜　表　漢華陰丞嘉請以朱雲試授諫議大夫　命官左相金瑬

甲科一人

乙科一人

丙科三人

己巳十月二十日別試榜　殿策　體天道

甲科一人

乙科五人

李回寶　字文祥號石屛生宣祖甲午官舍人父獻納婷松安君子脩后貫眞寶居安東序一

丙科十九人

金崇祖　字號雪松生宣祖戊戌官注書父贈吏叅大賢文靖公義貞曾孫工叅揚震玄孫貫豊山居榮川序二

崔友稷　父汝崑貫永川序十

張應一　字經叔號聽天堂生宣祖己亥官副提學贈吏判謚文穆父文康公顯光忠貞公安世后貫仁同居仁同序十一

同年十一月十七日庭試榜　頌　平金尢

甲科一人

乙科一人

丙科三人

曺時逸 父挺生貫昌寧

庚午酉月十四日式年榜 殿策　安民　序三

甲科三人

乙科七人

黃益濤 字應叔號龍峯官縣事父彦柱司諫孝恭曾孫司正智軒后貫檜山居榮川　序一

李汝翊 字棐卿號秀峯生　宣祖辛卯官輔德父悉奉應元贈左贊成承彥后貫碧珍居昌寧　序三

丙科二十三人

李尙逸 字汝休號龍岩生　宣祖庚子官監司父郡守敏善平靖公約東后貫碧珍居善山　序四

韓克述 字光甫號蘇湖生　宣祖戊戌官縣監父直長　瑞獻納秉后貫淸州居尙州　序二十

李道長 字泰始號洛村生　宣祖癸卯官應教　贈左贊成父主簿榮雨僉正光復孫貫廣州居漆谷　序二十二

金是權　字子中號鳳坡生　宣祖癸未官佐郎父洗馬潗文忠公誠一孫貫義城居安東序二十三

同年十月初二日別試榜　殿策　復讎雪恥　命官左相金尚

甲科一人

乙科二人

丙科七人

辛未九月初二日別試榜　文衡張維　殿策　城池

甲科一人

乙科三人

丙科十一人

李崇彥　字容伯號追齋生　宣祖壬辰官禮正父檢閱徽音文靖公達衷后貫月城居榮川序三

曺挺融　字維瞻號湖翁生　宣祖戊戌官司成享芝嵓院父承旨友仁少監松君后貫昌寧居尚州序五

洪杜一　字一之號玄塘生　宣祖甲辰官牧使父大憲霶文敬公履祥孫國學之慶后貫豊山序九

壬申三月十八日謁聖榜　文衡張　維　銘　禹鼎

甲科一人

乙科一人

丙科三人

癸酉四月十九日增廣榜　命官左相金　瑬禮判洪瑞鳳　殿策
六經宗旨

甲科三人

河　濳　字晋伯號台溪官司諫父公孝貫晋州居晋州　序三

乙科七人

丙科二十三人

蔡　耕　字子後號栢潭生宣祖戊子官兵佐享嘯岩祠父贈
吏議夢硯貞義公貫河后貫仁川居仁同序九

同年十一月十八日式年榜　命官尹　昉禮判趙　翼

甲科三人

徐 忭 字子慶號龍溪生 宣祖乙巳官判官 贈禮議享玉溪
院父 贈掌樂正思健貞平公鈞衛后貫達城居大邱 序二

乙科七人

孫曾孫 (宗)父 綸貫慶州 序四

丙科二十三人

金厦樑 父須永貫善山 序二
安 項 父應一貫順興 序八
韓克昌 字裕伯生 宣祖庚子官察訪父 瑋獻納 秉后貫清
州居尙州 序十四
權 搏 字天游號九峯生 宣祖丁未官郡守父司勇景行 贈
右參贊 桂后貫安東居安東 序十五
金好哲 字機之號槐亭生 宣祖甲午官正字父進士繼兵議
謙后貫商山居尙州 序十九

甲戌三月二十二日別試榜 殿策 君臣相興

甲科一人

乙科四人

石之珩　父擎厦　貫花園　序一

丙科七人

盧峻命　字正而　生宣祖丙申　官府使　父郡守道亨　領相守愼曾孫　貫光州　居尙州　序四

禹汝楙　父惇　貫丹陽　序五

乙亥九月初四日謁聖榜　籤見賢思齊

甲科一人

乙科一人

丙科六人

同年十月二十日增廣榜　上試金盡國

甲科三人

李爾松　字壽翁　號開谷　生宣祖戊戌　官禮賓寺正　享龍岩祠　父直長義遵　松安君子脩后　貫眞寶　居安東　序一

乙科七人

丙科二十三人

金鳴遠 字道以生宣祖辛卯官郡守父進士繼宗進士 顯孫 判官係爊后貫安東居禮安 序五

吕孝曾 字魯而號西岩生宣祖甲辰官吏正父叅議 沉持平 希臨曾孫工判克誨后貫星州居星州 序二十一

曺時亮 字寅叔號雪洲生宣祖癸卯官郡守父大成挺立昌城 君繼衡后貫昌寧居陜川 序二十五

郭弘址 字子久號太虛亭官持平父縣監 嶙府使 趪玄孫貫 苞山居玄風 序二十九

丙子十一月十九日別試榜 文衡李 植 殿策 識時務

甲科一人

乙科二人

丙科八人

金善英 父 軼貫善山 序六

同年十二月十二日重試榜 表 唐李晟謝移軍東渭橋

甲科一人

乙科二人

丙科三人

丁丑八月十八日庭試榜 詔 漢求賢良方正直言極諫之士

甲科一人

乙科三人

丙科七人

同年八月二十八日別試榜 命官左相崔鳴吉 試官禮判韓汝稷 副學李景奭 論 危者安其位

甲科一人

乙科三人

南濱翼 父啓夏貫宜寧 序二

丙科六人

戊寅三月二十八日庭試榜　表　宋張九成請勿憂畏自阻剛大之心

甲科一人

乙科五人

丙科九人

李廷相　字立卿號蕙湖生　宣祖壬寅官郡守父忠簡公民寏監司光俊孫貫永川居義城

己卯三月初十日謁聖榜　表　唐羣臣賀命𠫤金銀器玩以補軍器

甲科一人

乙科一人

丙科五人

同年九月初十日別試榜　文衡李景奭　殿策　將相

甲科一人

乙科三人

丙科十二人

申弘望 字望久號孤松生 宣祖庚子官判校父承旨之悌 贈左承旨夢得孫按廉使祐后貫鵝洲居義城序一

李元圭 字器哉號㔚谷生 宣祖丁酉官通禮父文簡公 挺貫興陽居尙州 序四

同年十月初八日式年榜 試官李慶全

甲科三人

金雲長 父㙉貫延安 序一

朴安復 字仲雷號草堂生 宣祖辛丑官禮郎父 贈吏叅善長判書義龍后貫務安居順興 序二

金壽長 貫延安 序三

乙科七人

金 項 字愼伯號沙月堂生 宣祖壬寅官持平父監察孝可文貞公宇顒孫貫義城居星州 序一

朴廷著 父瑛貫咸陽 序七

丙科二十三人

李惟碩 字大而號梅軒生　宣祖甲辰官持平父文龍持平東禮
孫獻納士登后貫星山居高靈　序七

權寏 字宅甫號二愚堂生宣祖庚辰官直講父執義大器持
平徵玄孫貫安東居安東　序十四

金廷 父克繼貫義城　序十六

李洞 字巨卿生光海己酉官校理父判決事成簡星山府院君
能一后貫星山居星州　序十七

黃立信 字子實生宣祖乙巳官縣監父判官有吉貞翼公暹
孫贈吏判應奎曾孫貫昌原居豊基　序二十三

辛巳九月二十日庭試榜

表　漢樂叔謝華成君

甲科一人

乙科二人

丙科五人

壬午三月二十二日式年榜

甲科三人

乙科七人

丙科二十三人

鄭維地 字重侯號穉岩生 宣祖辛丑官察訪父 恕 贈吏判
龜齡后貫東萊居安東 序三

李 豈 父成簡貫星州 序六

同年九月十六日庭試榜 箴 莫顯乎隱

甲科一人

乙科一人

丙科三人

癸未二月二十八日平安道別試榜 以關西一路酷被兵禍別遣
吏曹正郎沈大孚試取收券
上來科次出榜 文衡李 植

甲科一人

乙科一人

丙科二人

甲申九月初一日庭試榜　命官領相金　澮表　漢侍中金日磾　謝封沱候

甲科一人

乙科二人

丙科四人

同年九月二十八日別試榜　殿策　變通

甲科一人

乙科三人

丙科十五人

乙酉十一月初十日別試榜　命官右相李景奭　殿策　官爵

甲科一人

乙科四人

丙科十人

丙戌四月初二日式年榜

甲科三人

鄭承明 父信道 貫延日 序一

乙科七人

丙科二十四人

孫處慎 字思叔號西澗生宣祖丁未官禮正父縣監遶部將德雲孫戶議肇瑞后貫一直居大邱 序一

申瀚 父祐德 貫平山 序三

羅以俊 字宅于號梅隱生宣祖壬寅官司諫贈吏叅亨泗溪院父贈執義瑢府院君聽禮后貫壽城居榮川 序六

南天漢 字章字號孤岩生宣祖丁未官大諫亨鳳岩祠父贈叅判礥判書暉珠后貫英陽居安東 序十二

申瑠 父弘道 貫鵝洲 序十四

郭研 字會夫號久矦堂生宣祖乙酉官典籍父進士有道清白吏安邦后貫苞山居玄風 序二十三

同年九月初十日重試榜 表 漢夏侯勝謝拜諫議大夫諭以無徵前事

甲科一人

乙科二人

丙科五人

同年十月初十日庭試榜 賦 民惟水

甲科一人

乙科二人

丙科四人

戊子八月二十五日庭試榜 表 漢貢禹請令侍中以下勿私販賈與民爭利

甲科一人

乙科一人

李尙彥 字容叟號城西生 宣祖丁酉官執義父檢閱徽晋文靖公達裏后貫月城居榮川 序一

丙科七人

同年十月初三日式年榜

甲科三人

李燦漢 字子昭號溪東生光海庚戌官掌令父護軍頤貞愍公
瀣后貫眞寶居榮川 序二

黃中衍 父尙詔貫平海 序三

乙科七人

金以載 字仲厚號大岩生光海癸丑官兵佐父司馬廷堅貫義城
居星州 序七

丙科二十四人

李廷機 字子愼號漫翁生光海癸丑官牧使父承旨民宬監司光
俊孫貫永川居義城 序一

李希楙 字德滋號忍齋生光海丁巳官持平父弘挺僉樞宗道孫
訓導河玄孫貫眞寶居榮川 序三

南天澤 字蘇宇號苔岩生光海己未官直長贈吏判父贈叅
判磼判書暉珠后貫英陽居安東 序五

朴增輝 父震煥貫密陽 序九

金錕 字子珍號釼岩生宣祖丙申官僉樞享玉洞祉父贈
承旨得曾文節公淡后貫禮安居榮川 序十二

趙乂新　字汝緝號白潭生　宣祖癸未官典籍享芝嵐院父相
漢山君仁沃后貫漢陽居尙州　序十四

尹先哲　父華龍貫坡平　序十六

張俊南　字濟卿生　宣祖辛丑官監察父命樞世勳生員應臣玄
孫安襄公末孫后貫仁同居榮川　序二十四

已丑三月二十五日別試榜　命官判府事李景奭　殿策　禮亏

甲科一人

乙科三人

李昌一　父森　貫碧珍　序三

丙科九人

金堯欽　字順之號華庵生　光海甲寅官禮正父遇秋觀察爾音后
貫咸昌居榮州　序一

金慶遠　字善裕號東皐生　宣祖己丑官典籍父府使九鼎德原
君宗悌后貫咸昌居順興　序八

李濱翼　字萬里號返招堂官觀察父　贈吏叅之馨戶叅　堣后
貫眞寶居禮安　序九

同年四月初四日庭試榜　表　漢陸賈謝　命前說詩書

甲科一人

乙科一人

丙科五人

孝宗元年庚寅十二月二十四日增廣榜

甲科三人

乙科七人

丙科二十四人

鄭繼胄 字子述生宣祖丙午官左承旨父察訪士賢校理以僑 后貫延日居金山 序二

李時馠 字聞遠號隴雲生宣祖乙亥官正字享尙親祠父郡守 成業 贈吏判智活后貫星州居星州 序十三

辛卯三月二十八日庭試榜賦 古之爲政愛人爲大

甲科一人

乙科一人

丙科二人

同年九月十三日式年榜　表　周周公進無逸篇

甲科三人

乙科七人

申圭　字君甫號滂齋生光海辛亥官縣監父修撰達道承旨
佐孫參議元祿曾孫貫鵝洲居義城　序四

李濟　父應星貫咸陽　序五

丙科二十三人

南夢賚　字仲遵號伊溪生光海庚申官左通禮父海準府使祐良
后貫英陽居義城　序一

李玹　字瑩仲生光海庚申官府使父縣監之馨貫全義居達城　序八

都慎與　字明叔號搗軒生　宣祖乙巳官司藝父聖俞虞候欽祖
后貫星州居大邱　序十一

同年九月十八日謁聖榜　銘　南薰琴

甲科一人

乙科一人

丙科五人

同年十月初四日別試榜　命官左相金堉　殿策　八奬

甲科一人

乙科三人

柳挺輝　字仲謙生仁祖乙丑官牧使父護軍櫶提學義孫后
貫全州居安東　序三

丙科十三人

壬辰十月二十五日增廣榜　殿策　星變

甲科三人

李元禎　字士徵號歸岩生光海壬戌官工判贈領相諡文翼父
應教道長吏議潤兩孫貫廣州居漆谷　序一

乙科七人

丙科二十三人

李東濵　字百宗號鶴汀生　仁祖甲子官吏叅父叅判　桂貫德
水居善山　序一

具　崟　字汝山號明谷生光海甲寅官左副承旨享遂山院父進
士仁至文貞公　禕后貫綾城　序七

李　琢　字大玉號隱窩生光海庚申官牧使　贈大諫父北評事
之英承旨宗文孫貫全義居達城　序十三

癸巳八月十七日謁聖榜　表　漢羣臣賀命太常博士及諸儒會
白虎觀讖五經同異　親制臨次

甲科一人

乙科一人

丙科五人

同年十一月十九日別試榜　命官判府事李景奭　殿策　一字

甲科一人

乙科三人

丙科十人

金千鎰　父重器貫善山　序七

甲午三月十一日春榜臺榜　表　唐將士謝命習射於殿前仍親諭

甲科一人

乙科一人

丙科四人

同年十月初一日式年榜　殿策　志者萬事之根柢

甲科三人

柳經立　父仁茂 貫全州　序一

乙科七人

柳　耆　字仲吾 號華厓 生仁祖丙寅 官府尹 父贈參判希潛 贈吏叅復起 孫提學義孫 后 貫全州 居安東 序二

洪汝海　(河)字伯原 號木齋 生光海庚申 官司諫 贈副提學 享近岩院 父大諫鎬 司宰淳 后 貫缶林 居咸昌 序三

許　慈　父鐵 貫陽川　序六

丙科二十四人

郭世翼　字九萬號遯谷生仁祖庚申官執義享遯溪院父贈
左通禮浄縣監之藩玄孫貫苞山居玄風　序一

權鍍　父尚中貫安東　序六

李亨千　字翼世生光海辛酉官兵佐父紬大憲興門后貫京山
居星州　序八

宋挺濂　父翊貫恩津　序九

姜汝㦿　字啓叔號耆齋生光海庚申官判決事享紫東院父進士
濼殷烈公民瞻后貫晉州居金山　序十

崔鎭南　字子重號休軒生仁祖丙寅官右通禮父副護軍東岦
贈持平認孫貫月城居大邱　序十八

姜象先　父汝鏺貫晉州　序十九

朴居華　父玭貫咸陽　序二十一

乙未四月十一日春塘臺榜　賦　齋居決事

甲科一人

乙科一人

丙科五人

丙申八月二十四日別試榜　殿策　正心窒慾求言育才

甲科一人

乙科二人

丙科七人

同年九月初一日重試榜　表　殿傳說謝命置左右朝夕納誨

甲科一人

乙科二人

丙科五人

丁酉九月十四日式年榜

甲科三人

乙科七人

李楷　字元禮生光海戊午官學諭父莘逸進士時明孫縣監涵曾孫進士午后貫載寧居寧海序二

李耆徽 字大年官郡守父尙一府使景漢孫貫慶州居慶州 序四

郭後昌 字興叔號農圃生 宣祖戊申官修撰父進士涌清白吏安邦后貫苞山居大邱 序六

丙科二十四人

李達意 字以正號石村生 宣祖丙辰官獻納陞通政父禮正崇彥文靖公達衷后貫月城居榮川 序八

金是榮 父楫貫義城 序十七

同年九月十七日謁聖榜 表 漢太尉張禹請勿冒險遠追

甲科一人

乙科一人

丙科三人

顯宗元年庚子四月三十日式年榜 策 殿

甲科三人

乙科七人

孫湍 字深源號拙庵生 仁祖丙寅官縣監陞通政父 贈戶
義處格縣監 遴孫戶議肇瑞后貫一直居大邱序四

金潤章 父弘俊貫尙州 序六

丙科二十五人

金璁 字仲輝號迂軒生 仁祖癸酉官校理父光述生員富信
孫贈參判孝盧后貫光山居禮安 序一

權迪 父美胤貫安東 序八

李在容 字爾能生光海己未官博士父別提德圭洗馬 塽孫貫
興陽居尙州 序九

朴仁基 字公耳號翠軒生 仁祖丙寅官禮佐父 絆大諫承任
玄孫文正公尙衷后貫潘南居榮川 序十一

李英甲 字善鳴號野翁生光海壬戌官都事父 超文忠公齊賢
后貫慶州居咸昌 序十二

金兌一 字秋伯號蘆洲生 仁祖丁丑官司諫父僉樞 錤 贈
左承旨得善孫文節公 淡后貫禮安居榮川序十五

李棨 (柔)父允馨貫全州 序十九

同年十一月十三日增廣榜

殿策 唐揚炎請天下財賦盡歸左
藏

甲科三人

乙科七人

丙科二十四人

李萬榮 父儀鴻 貫星州 序二

金邦杰 父是福 貫義城 序十五

張遇一 父顯道 貫仁同 序十七

金啓光 字景謙號鳩齋生光海辛酉官郡守父興吏議英后 貫安東居安東 序十八

權道興 字泰然生仁祖甲戌官正字父進士尚吉太師幸后 貫安東居寧海 序二十三

金厦挺 字長卿號三梅堂生光海辛酉官掌令父進士瀁叅奉 曾孫和義君起后貫善山居善山 序二十四

壬寅三月十五日增廣榜 殿箋 魯藏孫辰請告糴于齊

甲 三人

乙科[illegible]人

丙科三十一人

同年十月二十四日庭試榜　表宋宣撫使張浚請必以合天心爲學之本

甲科一人

乙科三人

丙科九人

癸卯四月初五日式年榜　殿策　念終始典于學

甲科三人

權震翰　父雲瑞貫安東　序一

乙科七人

李元祿　字士興號朴谷生　仁祖己巳官大憲父應敎道長主簿　榮雨孫觀察禮孫后貫廣州居漆谷　序一

李碩蕃　父尙晋貫永川　序四

尹理　父止善貫坡平　序六

丙科二十三人

嶠南科榜録卷之二

宋光璧 字文星號鷹峯生仁祖戊辰官執義享昌溪祠父進士尙𪓟刑議儀曾孫貫治城居榮川序一 鏞

金海一 字宗伯號檀溪生仁祖庚辰官府尹父贈戶叅叅奉胤安曾孫文節公淡后貫禮安居醴泉序八

金學培 父□貫義城 序九

柳英立 父仁茂貫全州 序十二

趙時瑗 父成章貫咸安 序十九

金聖佐 字仕卿號松里生仁祖己卯官府使父贈寺正尙璘忠烈公方慶后貫安東居義城 序二十三

甲辰四月十三日春塘臺榜 銘 玉階

甲科一人

乙科二人

丙科五人

同年八月二十日咸鏡道別試榜 別遣重臣設行 試官文衡金壽恒賦 龍興江

甲科一人

乙科一人

丙科一人

乙巳四月十二日庭試榜　表　唐陸蒙先謝褒以歲寒松栢

甲科一人

乙科三人

丙科七人

同年四月二十八日溫陽庭試榜　四月十四日動駕二十一日次溫井八日設場只許道內元居人赴試扈從人員及道內守令幷勿許赴論人力可以奪造化

甲科一人

乙科一人

丙科七人

康遂學　字遠甫生光海甲寅官刑議父生員鎔進士惟善曾孫信城府院君之淵后貫信川居善山　序三

同年十月二十八日別試榜　殿論　守成難於創業

甲科一人

乙科三人

丙科九人

張　瑱　父元慶貫仁同　序五

丙午三月初四日式年榜　殿表　周召公請不作無益害有益

甲科三人

乙科七人

金重南　字德輝號敬齋生　仁祖丙子官典籍父是熻貫義城居星州　序七

丙科二十八人

辛　蕃　字孟衍號伊溪生　仁祖丙寅官戶正父副護軍讃先忝奉守玄孫掌令僩后貫寧越居醴泉　序七

李潤霖　父挺新貫全州　序十四

呂壽徵 父泐 貫星州 序十八

金光國 字國耳 生仁祖戊辰 官都事 父聲遠 清風府院君大猷后 貫清風 居星州 序二十二

同年四月初十日溫陽庭試榜 上奉大妃殿臨泮溫泉 仍設科 后文衡 全壽恒 策 巡狩

甲科一人

乙科一人

丙科一人

同年九月二十二日別試榜 殿策 禮臣

甲科一人

乙科二人

丙科七人

同年九月三十日重試榜 表 漢太常桓榮謝下奉擁經親問 起居

甲科一人

乙科一人

丙科三人

戊申十一月十一日別試榜　命官判府事鄭致和　殿策　爲治必法三代

甲科一人

乙科三人

丙科九人

同年十二月二十二日庭試榜　制　唐拜裴度回平章事以試題之會出泮制臺啓井武科罷榜

文衡趙復陽罷職

甲科一人

乙科二人

丙科六人

己酉三月初十日平安道別試榜　別遣重臣設行於安州　試官判尹鄭知和　賦檀君祠

甲科一人

乙科一人

丙科二人

同年六月初六日式年榜　殿策　經術武士

甲科三人

金聲久 字德休號八吾軒生仁祖辛巳官大成享栢麓社父贈吏叅秋吉　贈吏判希參后貫義城居安東序三

乙科七人

孫萬雄 字敵萬號野村生仁祖癸未官府尹享龜湖院父贈兵叅愼義貫慶州居尙州序一

權　恒 (宣)字和仲號龍谷生仁祖己卯官府使父承議挺　贈右叅贊杜后貫安東居安東序二

丙科二十三人

南　垕 父極老貫宣寧序一

權尙任 字士重號江坡生光海壬戌官判校父贈左承旨璜　萬戶應吉曾孫貫安東居寧海序三

權萬濟 字世卿號三悠亭官吏正父震哲竹林山海后貫安東居 醴泉

同年十月初八日庭試榜 賦 璣衡齊七政 序十三

甲科一人

乙科二人

丙科四人

庚戌十一月初五日別試榜 殿策 備豫

甲科一人

乙科二人

李聃命 字耳老號定齋生 仁祖丙戌官吏叅父文翼公元禎應教道長孫觀察禮孫后貫廣州居漆谷 序一

丙科七人

辛亥十一月二十九日庭試榜 賦 至日閉關

甲科一人

乙科二人

丙科五人

壬子十月二十一日別試榜 殿策 人才盛衰

甲科一人

乙科三人

丙科十七人

金元變 父厦樑 貫善山

李汝柱 字俊擎 官縣監 父珉 北評事之英孫 承旨宗文曾孫 貫全義 居達城 序二 序十四

癸丑三月二十六日春塘臺榜 文衡金萬基 銘 養心閣

甲科一人

乙科三人

丙科六人

同年四月初三日式年榜　壬子式有故退行　殿試　大風　安
不忘危

甲科三人

乙科七人

裵正徽　父世緯　貫星州　序七

丙科二十四人

尹命哲　父尙鉷　貫坡平　序十二

南鵬翼　字子擧　號卄川　生　仁祖辛巳　官縣監　父黍奉　斗遠　奉事
檖孫　縣令須后　貫英陽　居寧海　序十五

肅宗元年乙卯五月十五日式年榜　殿表　周召公請疾敬德祈天
永命

甲科三人

南天祥　字瑞吾　生　仁祖辛未　官典籍　父生員　礠　判書暉　珠后
貫英陽　居安東　序三

乙科七人

白世興　父源發　貫大興　序四

丙科二十四人

朴身之 字履卿號澤翁生 仁祖已巳官府使父護軍希孟部將
舜壽曾孫判書 矩后貫咸陽居寧海序二

辛蕊馨 字明汝號新溪生 仁祖乙酉官牧使父芳掌令儞
后貫寧越居醴泉 序三

權霔 字德雨號南溪生 仁祖丁卯官學諭贈注書父世忠
監正來孫忠定公橃玄孫貫安東居安東序十

都處亨 字會卿號竹軒生 仁祖甲戌官禮正父大遂兵佐衡
后貫星州居星州 序十九

同年十一月初一日增廣榜 即位大慶 殿賦 君德成就責經筵

甲科三人

乙科七人

李漢命 字南紀生 孝宗辛卯官校理 贈應教父文翼公元禎
贈參議道長孫觀察禮孫后貫廣州居漆谷序二

丙科二十四人

李湜 父鼎徵貫延安 序十二

柳世鳴 字爾能號寓軒生 仁祖丙子官翰林父元履文敬公雲
龍后貫豐山居安東 序二十三

丙辰正月二十六日庭試榜 表 宋處士雷次正謝親行學舘令以巾幐侍講賚給甚厚

甲科一人

乙科二人

丙科六人

丁巳三月二十六日謁聖榜 銘 湯盤

甲科一人

乙科二人

丙科四人

戊午三月二十日增廣榜 殿表 漢杜延年請修孝文時政示以儉約寬和順天心悅民心

甲科三人

乙科七人

丙科三十二人

李文興 字質甫號蘿菴官大司成享箕川院父錫亨貫星州居龍宮 序二十二

李坽 字瞻叔號芝窩生 孝宗癸巳官正郞父喬年正郞閱道玄孫訓導河后貫眞寶居禮安 序二十九

權聖矩 父賚貫安東 序三十

同年閏三月初五日庭試榜

賦 天地節而四時成

甲科一人

曺孝昌 父漢貫昌寧 序一

乙科三人

琴聖奎 字文叔號易安堂生 仁祖丙子官司藝父是律英烈公儀后貫鳳城居奉化 序二

已未十月初四日庭試榜

重試對擧 御題 漢英布謝帳御飲食從官如王居連値匃年設行於今年

甲科一人

乙科二人

丙科七人

同年十月十七日重試榜 表 唐考功郎中陸贄請於大赦書詔之辭無所避忌

甲科三人

乙科一人

丙科六人

同年十一月三十日式年榜 殿策 虞伯益請罔咈百姓以從己之欲

甲科三人

乙科七人

蔡獻徵 字文叟號愚軒生仁祖戊子官弼善父贈承旨之洙仁川君壽后貫仁川居咸昌序二

盧碩賓 字大觀號芳谷生仁祖己卯官學諭父世茂參奉儆曾孫持平琸后貫光州居草溪序三

權壽朋 字眉瑞生仁祖甲戌官博士父銄縣監檥后貫安東居醴泉序六

丙科二十六人

裴舜和　父以顯　貫星州　序十一

朴世華　父文昌　貫忠州

庚申六月初八日春塘臺榜　親試　箴　所其無逸　序十二

甲科一人

乙科一人

丙科二人

同年九月初九日庭試榜　表　漢大將軍衛靑辭封三子爲侯

甲科一人

乙科二人

丙科六人

同年九月十九日別試榜　殿策　法古

甲科一人

乙科三人

丙科十六人

吳　涏　父尚賢

辛酉九月初十日謁聖榜　表　漢韓信請以義兵從思東歸之士　序十四

甲科一人

乙科三人

丙科五人

同年十一月三十日式年榜　殿策　災異　文衡李敏叙　命官判府事金壽恒

甲科三人

乙科七人

丙科二十三人

壬戌四月十八日春塘臺榜　表　漢署長馮唐謝不治妄言觸諱之罪更召論將

甲科一人

乙科二人

丙科七人

同年十一月十四日增廣榜　殿策

甲科三人

乙科七人

李海準　字季度生　仁祖己巳官縣監父左副承旨彥英佐郎鄧林曾孫貫碧珍居漆谷　序七

丙科二十五人

癸亥十一月二十一日增廣榜　命官左叅贊南龍翼　殿策敬德祈命

甲科三人

乙科七人

李瑄　父時恒貫全州　序二

丙科二十五人

李東標 字君則號懶隱生 仁祖甲申官吏議 贈吏判謚忠簡 享古山院父雲翼戶叅 堣后貫眞寳居安東序一

羅學川 字師道號滄洲生 孝宗戊戌官刑議 父壽星 贈吏叅 以俊孫府院君聰禮后貫壽城居榮川序十

甲子九月二十六日庭試榜 表文衡李敏叙

甲科一人

乙科三人

丙科十六人

同年十一月十三日式年榜 殿賦 反風起禾

甲科三人

乙科七人

朴世臣 父泰華貫咸陽 序六

丙科二十六人

李後榮　父　黃　貫固城　序一

南老明　父尙閭　貫英陽　序二

孫德升　字玄叟　號梅湖生　孝宗己亥官持平　父鍵　雞川君
昭后　貫月城　居慶州　序三

申義命　父揚世　貫平山　序五

丙寅四月初五日謁聖榜　表　商伊尹進咸有一德

甲科一人

乙科二人

丙科六人

同年十月十六日別試榜　殿表　唐左散騎李泌請勿以安西北
兩鎭棄與吐蕃

甲科一人

乙科二人

丙科十二人

同年八月二十一日重試榜 表 唐褚無量請克諱天戒納忠遠
設亟寢東都幸行

甲科一人

乙科一人

丙科五人

同年九月十六日咸鏡道別試榜 賦 地利不如人和 試官判
書柳尚運

甲科一人

乙科一人

丙科一人

同年十月二十日庭試榜

甲科一人

乙科一人

丙科四人

丁卯九月二十一日謁聖榜　文衡南龍翼　表漢諸葛亮請以前漢興隆爲法後漢傾頽爲戒

甲科一人

乙科一人

丙科六人

同年十月十七日式年榜　殿策　命官南九萬　文衡南龍翼

甲科三人

乙科七人

丙科二十八人

金汝鏈　字天開　生顯宗庚子　官修撰　父大成聲久　贈吏參秋吉孫　贈吏判希參后　貫義城　居安東　序六

朴希閔　父世煥　貫咸從　序六

權大臨　父得輿　貫安東　序十二

金壽聃　字龍在　號西岡　生仁祖丙戌　官兵佐　父順挺　忠貞公有讓后　貫順天　居仁同　序十四

李碩意 字裕叔號忘隱生 孝宗庚寅官佐郎父繼彥 贈兵叅
介立曾孫文峙公逢亥后貫月城居榮州 序十五

都永夏 字子華號藥塢生 孝宗乙未官判校父生員處元兵佐
衡后貫星州居星州 序十八

金華重 字士秀號梧谷生 孝宗丙申官校理父 贈戶判英震
貫金海居醴泉 序二十一

金世欽 父泰基貫義城 序二十五

殷夢相 官禮佐父有三吏判汝霖后貫幸州居大邱 序二十八

己巳四月十二五日增廣榜

殿表 唐淮西民人等謝給復二年

甲科三人

乙科七人

丙科二十八人

庚午三月二十八日式年榜

甲科三人

趙德純 字顯甫號壺峯生 孝宗壬辰官持平父將仕郎 顯進
士廷衍孫良敬公 涓后貫漢湯居英陽 序一

李適志 字以達號松沙生 孝宗壬辰官持平父府使崇彦檢閱徽音孫文靖公達衷后貫月城居榮州 序二

金南甲 字國賓號松坡生 孝宗壬辰官典籍陞僉樞 贈左承旨父僉樞英傑貫金海居醴泉 序三

乙科七人

朴安道 父孝元貫潘南 序二

丙科三十人

權希說 父昇貫醴泉 序三

金萬柱 字仲能生 孝宗癸巳官都事父進士宗灝文節公淡后貫禮安居榮州 序九

朴聖世 字曍如號石淵生 孝宗壬辰官學正父生員惠校理英孫后貫密陽居永川 序十一

金世鎬 父益基貫義城 序十二

琴暹 父以諧貫奉化 序十三

金世錫 父爾基貫義城 序十四

宋泰基 字汝亨生 孝宗乙未官司藝父熤平章事綺后貫冶城居星州 序二十三

金遇一 字時中生孝宗己亥官縣監父贈軍資正鋌[illegible][illegible]
亂安曾孫文簡公淡后貫禮安居醴泉　序二十四

李枝遠 父汝遇貫固城　序二十八

同年十一月十九日庭試榜 表

甲科一人

乙科一人

丙科三人

辛未三月二十三日增廣榜 殿策 賑政

甲科三人

乙科七人

丙科三十二人

李柱天 字爾能號洛浦生顯宗壬寅官待敎父海涉察訪昌[illegible]
孫副承旨彥[illegible]曾孫貫碧珍居漆谷　序三

全命三 父五敎貫[illegible]宮　序二十八

郭壽龜　字元錫號禮圃官兵佐父希天郡守　適會孫清白吏安
邦后貫苞山居玄風　序二十九

趙德隣　字宅仁號玉川生　孝宗戊戌官承旨錄揚武原從功父
顗進士廷浙孫良敬公　淯后貫漢陽居英陽　序三十一

同年八月初十日謁聖榜
命官領相權大運　製（（儒生等誦
令承旨宣讀備忘記特加戒諭　上自
慶德宮乘夜動駕行酌獻禮因下備忘記戒諸生故出此
題

甲科一人
乙科一人
丙科三人

壬申八月十二日春塘臺榜
表　漢劉歆請建立逸禮古文尚書
左氏春秋列於學宮

甲榜一人
乙科二人
丙科三人

癸酉四月初一日式年榜　殿策　設學僉養士　命官左相閔　黠文衡權

甲科三人

乙科七人

南夏明　父尙治　貫英陽　序四

丙科三十人

南九明　字蘽瑞　號寓庵　生　顯宗辛丑　官府使　父尙周　監察　須　后　貫英陽　居慶州　序一

鄭堯天　字聖則　號訥齋　生　仁祖己卯　官典籍　父　悌　贈吏判　龜齡后　貫東萊　居眞寶　序二

朴來明　（朋）父尙眞　貫順天　序六

都永成　字遠卿　號件松　生　孝宗戊戌　官監察　父處順　贈敎官　勻后　貫星山　居星州　序七

黃壽嶷　父廷炫　序十一

金慶賚　父準紀　序十三

金泰重　字士秀　號梧谷　生　孝宗己亥　官縣監　父同中樞　英震　贈同知　以道孫　貫金海　居醴泉　序十四

申益慶 父命榮 貫平山 序二十

孫萬重 父碩佑 貫密陽 序二十一

金夏銃 父如萬 貫安東 序二十三

同年八月十一日謁聖榜 命官左相閔 御題 文衡權愈 表漢羣臣賀禁章奏浮辭

甲科一人

乙科一人

丙科四人

同年九月初一日松都庭試榜 頌 賜民今年田租之半

甲科一人

乙科一人

丙科一人

甲戌八月初四日謁聖榜 命官領相南九萬 文衡朴泰尚 御題 表唐同平章事宋璟請復貞觀舊

制令諸司對伏奏事

甲科一人

乙科二人

丙科四人

同年十月二十六日別試榜　命官領相南九萬文衡朴泰尚　殿策便宜

甲榜一人

乙科二人

丙科二十三人

柳敬時　字欽若號涵碧堂生　顯宗丙午官掌令享洛淵院父東輝贈吏叅復起玄孫提學義孫后貫全州居安東　序十三

乙亥二月二十五日平安道別試榜　命官左叅贊李世白　賦王者奉三無私

甲科一人

乙科一人

丙科二人

同年九月十九日別試榜　命官左相柳尙運文衡朴泰尙　殿策
大典

甲科一人

乙科二人

丙科十一人

丙子八月二十七日庭試榜

甲科一人

乙科二人

丙科六人

同年十一月二十二日式年榜　命官左相柳尙運文衡吳道一
殿頌　玄圭告成功

甲科三人

韓永徽 官持平 父俊文 安襄公終孫 后貫清州 居靈山 序二

乙科七人

權斗紀 字叔章 號晴沙 生孝宗己亥 官持平 父濡 郡守 東輔玄孫 忠定公橃后 貫安東 居安東 序三

丙科二十五人

孫景錫 字仲伯 號南岩 生顯宗己酉 官牧使 父府尹萬雄 贈左承旨 榶后 貫慶州 居尚州 序十

丁丑九月二十五日庭試榜

命官領相柳尚運 文衡吳道一 表 蜀漢羣臣請卽皇帝位以諸高亮爲丞相

甲科一人

乙科三人

丙科十一人

同年十月初九日重試榜

命官領府事南九萬 唐平章事李汝 請勿言天命

甲科一人

乙科二人

丙科五人

戊寅九月十一日謁聖榜　命官右相李世白文衡徐宗泰　箋○
○羣臣賀開拓土疆設置六鎭

甲科一人

乙科二人

丙科三人

己卯四月十八日庭試榜　命官左相崔錫鼎弘文提學姜俔表
宋蘇軾請追收買淅燈之命將來放
燈如舊制九遊歡宴好賜與之物務從儉約

甲科一人

乙科三人

丙科十三人

同年四月二十三日式年榜　命官左相李世白弘文提學姜　見
殿試命義和欽若昊天

甲科三人

丁維慎 父必燾貫押海 序三

乙科七人

崔慶浥 字善餘號明谷生顯宗庚子官牧使父通禮鎭南贈持平認后貫月城居大邱 序三

丙科二十人

尹佑甲 字任卿號淵谷生孝宗己亥官監察父嘉善挺坡贈領相承禮后貫坡平居昌寧 序四

安后靜 字君敬號省齋生孝宗己亥官學正父世英說書贈后貫廣州居永川 序五

任華世 字實命生乙卯官禮正父進士仁重司宰監正希庭后貫豊川居慶州 序八

尹東魯 父命哲貫坡平 序十二

金重鎌 字粹彦號蒼洲生仁祖己丑官典籍父碩玄正言大有后貫金海居淸道 序二十

朴希顔 字景愚號九拙齋生顯宗甲辰官典籍享巴溪祠父世敏赤羅君軒后貫咸陽居義興 序二十六

同年十月二十日增廣榜 表周尙進丹書端宗復位稱慶會試時差備官吳錫夏洪受禹金

織等與憲吏閔時峻泮人鄭　順等同謀與擧子圖秘封
傳說大播臺啓請罷榜　試官被謫差備官及下吏定配
都承旨任弘望罷職庚寅下教科時六人及李世禎俞世
基外立復科生存者二十人並見漏於槐院試官趙大壽

甲科三人

乙科七人

丙科二十四人

李基命 字定叔生　顯宗甲辰官兵佐父大憲元祿翰林道長孫工議潤雨曾孫監司禮孫后貫廣州居漆谷序二

朴泰斗 字景瞻號悅樂齋生　孝宗戊戌官司藝陞同樞父贈大憲來鳳掌令敦復曾孫判書義龍后貫務安居寧海序七

李柱世 字原安號五一軒生　孝宗辛卯官郡守父左副承旨彥英佐郎鄧林玄孫貫碧珍居漆谷序十九

張后相 字夢與號石門生丁巳官郡守父僉樞瑜護軍龍慶孫進士汝華曾孫安襄公末孫后貫仁同居榮州序二十一

庚辰九月初二日謁聖榜 令官領相徐文重文衡吳道一表唐司從中書令裴度謝命八如政事夯賜

旁午

甲科一人

乙科一人

丙科一人

壬午三月二十五日謁聖榜　命官左相李世白　文衡李畬　表

明大臣賀詔求賢

甲科一人

乙科二人

丙科六人

同年三月二十八日咸鏡道別試榜　別遣重臣設行放榜于本道

試官判書徐宗泰　賦

用賢無敵是長城

甲科一人

乙科一人

丙科二人

同年五月初一日式年榜　殿策　不愧于屋漏

甲科三人

乙科七人

丙科二十八人

李重培　字華重號靖難生丙辰官吏正父弘翊　贈兵叅　介立玄孫文靖公達衷后貫慶州居榮川　序二

金正龜　字正則號蓉岡生戊午官右通禮父生員恒重　贈戶叅　以道曾孫貫金海居醴泉　序七

呂命學　字天卿號亦恩窩生　顯宗丙午官禮正父宣和持平希　臨后貫星山居星州　序十二

孫景翼　官郡守父府尹萬雄　贈左承旨　禑后貫慶州居尙州　序二十八

同年十二月二十九日別試榜　試官戶判金昌集藝文提學金鎭圭　殿策　誠民敬德

甲科一人

乙科二人

丙科十人

金始鑌　字休伯號白南生甲子官弼善父鼎輝叅奉　隆后貫咸昌居榮州　序四

甲申九月初三日春塘臺榜 命官領相申琓 弘提李頤命 表 漢周勃謝褒以安劉必

甲科一人

乙科二人

丙科五人

乙酉四月十一日式年榜 殿策 天道下濟而先明

甲科三人

乙科七人

丙科三十一人

鄭夢海 父漢 貫晉州 序二

金篋 父敬基 貫扶安 序三

鄭翽 父致用 貫草溪 序十六

權萬樞 字景運 號退岩 生己未 官禮佐 父濂 縣監 儀后 貫安東 居醴泉 序十七

成起寅　字天祥號洛厓生　顯宗甲寅官校理父　贈禮叅世璜
　　　　淸白吏以性曾孫淸白吏安義后貫昌寧居順興序十八
權大恒　父尙遠貫安東　序十九

同年四月二十八日謁聖榜　命官判書徐宗泰　藝提金鎭圭　表
　　　　　　　　　　　　漢諸葛亮請親信貞亮死節之臣

甲科一人

乙科一人

丙科三人

同年十一月初六日增廣榜　命官判中樞崔錫鼎　表漢陳平
　　　　　　　　　　　　請以決獄問廷尉錢穀問治粟內
史

甲科三人

安鍊石　父重鉉貫順興　序二

乙科七人

丙科二十一人

文德龜 字士呈官禮正父參奉益宣忠肅公克諴后貫南平居陝川

丙戌三月初二日庭試榜 試官戶判趙泰采弘提李頤命序六表周周公進洛師圖

甲科一人

乙科一人

丙科五人

丁亥三月二十六日別試榜 命官右相李頤命殿表○明刑部主事海瑞謝命釋出獄還其官

甲科一人

乙科二人

丙科九人

同年四月初二日重試榜 命官右相李命頤弘提姜俔箋

甲科一人

乙科二人

丙科四人

戊子閏三月十六日式年榜 命官右相李顧命藝提姜俔殿賦
春和議賑貸

甲科三人

乙科七人

柳祥翼 父百齡貫晋州 序六

丙科二十七人

洪達道 父賚貫南陽 序二

柳鳳鳴 字德輝號易學堂生顯宗壬子官都事父世輔崑山府
院君諡貞后貫文化居密陽 序三

李增祿 字天與號無何堂生顯宗甲寅官兵佐父碩洗馬
塤后貫載陽居尙州 序四

李正華 父拯琦貫星州 序十三

己丑八月十一日謁聖榜 命官左相徐宗泰弘提姜俔表宋
國子博士李覺謝親幸太學講易之泰
卦改判國子監

甲科一人

乙科一人

丙科三人

庚寅六月初八日增廣榜　殿表

甲科三人

乙科七人

丙科三十一人

黃啓屋　父濡貫長水　序七

權斗經　字天章號蒼雪生孝宗甲午官修撰享白麓社父濡郡守東輔玄孫忠定公機后貫安東居安東　序十四

姜必中　字和卿生顯宗甲辰官工佐父判决事汝𣏌殿烈公氏瞻后貫晋州居金山　序十六

孫命來　父守業貫密陽　序十七

李徵追　父壄俞貫羽溪　序十八

金侃　父强臣　貫豊山　序十九

權相一　字台仲　號淸臺　生己未　官大憲　叅耆社　贈吏判　謚僖靖
享竹林院　父　贈吏判　渼師傳　字后　貫安東　居尙州　序二十

姜綸　父齊益　貫晋州　序二十一

洪傑　字世傑　生丁卯　官正字　父　贈大憲　游敬介節公　字定曾
孫　貫南陽　居順興　序二十二

同年八月初九日春塘臺榜　試官　文衡　金鎭圭　表　宋眞德秀　誥
製歌器置諸座側

甲科一人

乙科一人

丙科三人

辛卯四月初四日式年榜　殿賦　言行君子所以動天地

甲科三人

乙科七人

鄭思大 官直講父禹錫校理以僑居貫延日居金山 序七

丙科二十六人

蔡命運 字汝吉號笑谷堂生戊午官兵佐父弼善獻徵仁川君壽后貫仁川居咸昌 序五

金道應 字行彥生乙丑官縣監父履正進士光粹后貫安東居義城 序二十三

壬辰二月二十六日庭試榜

命官左相金昌集 弘提李敦金 表漢渤海太守議曹王生謝拜水衡丞

以褒龍共遂

甲科一人

乙科三人

丙科十五人

癸巳十月十一日增廣榜

命官左相金昌集 表宋王縉請節躬省愆之意詔大臣以燮理之事

甲科三人

乙科七人

丙科四十一人

金履萬　字仲綏號鶴皐生癸亥官司諫父府尹海一贈戶叅　鏞文節公淡后貫禮居醴泉　序五

李命夔　字聖弼號聽翁生孝宗癸巳贈注書父而杜大學堅　幹后貫碧珍居密陽　序二十一

金益謙　父世維貫永同　序二十五

權斗紘　字少章號西岩生顯宗戊申官正字父濡郡守東輔　玄孫忠定公橃后貫安東居安東　序三十一

申維翰　字周伯號青泉生辛酉官判事父泰始進士省吾孫府使　龜年曾孫文節公贈后貫平山居密陽　序三十五

黃允垕　父霙貫長水　序四十

李文標　父博翼貫眞寶　序四十一

甲午十一月十二日增廣榜　殿策　宋蘇軾請於至日法先王奉　若天道用之國與身

甲科三人

乙科七人

丙科二十九人

乙未五月初二日式年榜　殿策　江漢　朝宗于海

甲科三人

金近思　父五倫　貫龍宮　序二

乙科七人

丙科二十五人

權大規　貫安東　序三

文德謙　父道東　貫甘泉　序六

金聖欽　父植　貫順天　序十一

鄭重岱　父珣　貫東萊　序十八

丁酉八月初一日溫陽庭試榜　試官兼工判趙泰采　賦　秋月照寒水

甲科一人

乙科一人

丙科五人

同年八月初一日平安道別試榜　試官閔鎭遠　賦　草上之風必偃

甲科一人

乙科一人

丙科二人

同年八月初一日咸鏡道別試榜　試官判書權尙游　賦　文武幷用長久之術

甲科一人

乙科一人

丙科二人

同年十月十三日庭試榜　試官文衡宋相琦　箋　楚宋玉謝諭以善哉論事使之更進庶人之風

甲科一人

乙科一人

丙科三人

同年十月二十九日重試榜　命官右相李健命　文衡宋相琦　表
漢周勃謝右丞相

甲科一人

乙科一人

丙科三人

同年十一月初一日式年榜　殿賦　獨朝周

甲科三人

乙科七人

丙科三十二人

權萬斗　父重載　貫安東　序十一

呂鳴震　父師賢　貫星州　序十二

鄭泰周　父夢海　貫晋州　序二十五

金兌和　父國仁貫錦山　序三十

金聖龜　字時則號晩翠軒生丙寅官典籍壽陞資憲父台重貫金海居醴泉　序三十二

戊戌十月十九日庭試榜　命官右相李健命文衡金構　表唐裴復謝詔其父論以父忠子孝終喪必且爲翰林

甲科一人

乙科二人

丙科十人

姜必愼　父　樸貫晋州　序五

己亥三月初三日別試榜　命官右相李健命　殿策勤逸

甲科一人

乙科二人

丙科七人

朴泰彙 字明彦號三有堂生己巳官禮正享巴溪祠父典籍希顔赤羅君軒后貫咸陽居義興 序六

同年九月二十日增廣榜 試官文衡李觀命表漢韓信論以丞相數言將教寡人計策

甲科三人

乙科七人

丙科二十四人

柳升鉉 字允卿號慵窩生庚申官工議贈吏參父奉時進士振輝孫提學義孫后貫全州居安東 序二十

金夏九 字鼎甫號桀菴生丙辰官嘉善父 贈吏參世熙郡守纘瑞后貫遂安居盈德 序二十三

申正模 字景楷號二恥齊生辛未官府使父德洵按廉使 禑后貫鵝洲居義城 序二十四

同年十月初一日謁聖榜 命官領相金昌集文衡李觀命表宋賀得商頌十二篇於周太史歸祀

先王

甲科一人

乙科一人

丙科二人

景宗元年辛丑二月二十八日庭試榜　命官左相李健命弘提𥼲錫鼎表宋蘇軾請御試對策勿取阿諛順志者以示陛下下諒切直之意

甲科一人

乙科二人

丙科四人

同年四月初二日式年榜

甲科三人

乙科七人

李鎭周　父基孝　貫牛溪　序四

金聖鎔　父　埴　貫順天　序五

丙科二十四人

李麟興 字聖瑞生肅宗戊午官郡守父進士德文忠公齊賢后貫慶州居咸昌 序三

鄭泰亨 父殷詔貫晉州 序七

李時沉 父後植貫固城 序十九

同年十一月初四日增廣榜 殿策 城池

甲科三人

金東俊 字伯秉號適庵生肅宗乙丑官吏正錄揚武功父翰國進士富信后貫光山居漆谷 序三

乙科七人

黃沉 父鍾應貫長水 序六

丙科二十二人

權一夔 字克章號耻菴生肅宗癸亥官正字父斗壁縣監采玄孫忠定公機后貫安東居安東 序六

李植命 生肅宗己未官縣監錄揚武功父泰奉元祉應教道長孫土議潤雨曾孫貫廣州居漆谷 序二十二

壬寅二月十三日庭試榜

命官左相崔錫恒文衡李光佐 表宋蘇軾請解輿秣徐行於九軌之道

甲科一人

乙科二人

丙科四人

同年九月十五日謁聖榜

命官左相崔錫鼎文衡趙泰億　表宋賀以孫奭所上無逸圖宣于講讀閣又詔蔡襄寫無逸篇于閤屏

甲科一人

乙科二人

丙科四人

癸卯三月初四日增廣榜

甲科三人

乙科七人

丙科三十一人

金鼎九 字鉉甫生肅宗庚申官正字父贈戶叅世熙郡守鸞瑞后貫遂安居盈德　序七

李橒 父仁溥貫全州

同年三月十六日別試榜 命官判書李台佐提學李肇　序二十

甲科一人

乙科二人

丙科十八人

同年十月初七日庭試榜 主文李肇 箋越范蠡乞會稽之罰

甲科一人

乙科一人

丙科三人

同年十一月初三日式年榜 殿論 盡信書不如無書

甲科三人

乙科七人

金墣 字達夫號草閣生 肅宗丙寅官兵佐父兵佐壽聃忠貞
公有讓后貫順天居仁同 序一

丙科二十五人

金聲 字鳴遠號省皐生 肅宗丙寅官左通禮陞僉樞父履寬
進士光粹后貫安東居義城 序十六

金五應 字宋瑞號龜隱生 肅宗己卯官正郎父履成進士光粹
后貫安東居義城 序十八

英宗元年乙巳[illegible]月十三日庭試榜

試官吏判閔鎭遠 弘提李宜顯
初定於甲辰八月因 國恤退

行 賦 成恀存存道義之門

甲科一人

乙科二人

丙科十二人

同年十月十八日增廣榜

命官左相閔鎭遠文衡李宜顯 殿表
宋相胡安國進春秋傳 即位大慶

甲科三人

乙科七人

李壽海 字一如號一齋生肅宗癸酉官六諫父廣義吏叅東溟曾孫玉山君瑀后貫德水居善山序六

丙科三十四人

李濟兼 字善卿號杜陵生肅宗癸亥官察訪父忠簡公東標奉事逸道玄孫戶叅遇后貫眞寶居安東序四

金景沉 父汝鎔貫義城序十

權萬 字一甫號江左翁生肅宗戊辰官正郎贈吏議亨忠賢嗣父正字斗紘忠定公橃后貫安東居安東序十七

鄭幹 父思徵貫延日序二十二

朴成玉 父希閔貫咸陽序二十六

李觀厚 字大觀生肅宗甲戌官持平父生員益謙兵議之華玄孫貫全義居達城序二十九

李柱泰 字東望生顯宗甲寅官校理父海滍左副承旨彥英曾孫貫碧珍居漆谷序三十二

柳文龍 字明仲生肅宗丁丑官校理父護軍聃齡文定公之淀后貫晉州居尚州序三十三

李權 字君平生肅宗庚辰官博士父世俊進士元祥曾孫察訪道章玄孫工議潤雨后貫廣州居漆谷序三十四

同年十一月初一日庭試榜　命官左相閔鎭遠文衡李宜顯表 宋羣臣賀唐季百年之後始舉立儲之禮

甲科一人

乙科二人　序一

李萬榮　父　淵　貫延安

丙科十七人

丙午二月二十二日江華別試榜　別遣重臣設行肅宗御容奉安後設科賦　地利不如人和　試官吏判李秉常

甲科一人

乙科一人

丙科三人

同年十月十九日式年榜　命官領府事閔鎭遠文衡李宜顯殿銘　禹鼎

甲科三人

乙科七人

任命台　父世重　貫豊川　序二

蔡命賢　父箕徵　貫仁川　序五

丙科二十五人

李世垕　父明奎　貫載寧　序三

邊鎭國　父碩逢　貫原州　序六

孫以雄　字萬夫　號灘西　生肅宗庚申　官禮正　父通德郎東翊　生員　翕玄孫　貫月城　居榮川　序十一

成憲祖　父夏耇　貫昌寧　序二十

同年十一月二十五日謁聖榜　命官領府事閔鎭遠　文衡李宜顯

表宋文天祥謝御集英殿賜進士及弟

甲科一人

乙科一人

丙科五人

丁未三月二十二日增廣榜 命官領府事閔鎭遠文衡李宜顯殿表宋工部侍郎李及謝論以淸愼未嘗妄有所學其言可信特以所薦人張鎰除拜監察御史

甲科三人

乙科七人

丙科三十三人

鄭玉 字子成號牛川生肅宗甲戌官監司享梧川院父贈吏參碩濟貞簡公琢后貫淸州居榮川序五

張緯恒 字天應號臥隱生肅宗戊午官縣監父玉相進士汝華玄孫安襄公末孫后貫仁同居榮川序九

申光翰 父鎭大貫平山序十

鄭重器 字道翁號梅山生肅宗乙丑官持平享梧麓祠父通德郞碩達剛義公世雅后貫延日居永川序二十四

南躔 父極杓貫宜寧序二十八

趙重稷 父榮錫 貫咸安

同年九月十七日庭試榜 試官戶判李台佐 藝提李埰 序二十九
擬表見先王重試對擧 頌

甲科一人

乙科一人

丙科三人

同年十月初八日重試榜 試官戶判李台佐 藝提李埰 排律
二十韻 阜民財解慍

甲科一人

乙科一人

丙科三人

戊申五月二十九日春塘臺榜 文衡尹淳 策 安不忘危出
征將士回還後親臨試武才對

設文科

甲科一人

乙科一人

丙科一人

同年八月十五日平安道別試榜　試官判書金東弼賦　在泮
獻議　別遣重臣設行

甲科一人

乙科一人

丙科三人

同年九月二十七日別試榜　試官提學李㙖　殿表

甲科一人　序一

安復駿　父鍊石貫順興

乙科三人

丙科十一人

同年十月二十四日庭試榜　制　宋拜富弼同平章事

甲科一人

乙科一人

丙科四人

己酉十一月二十一日式年榜　命官領相洪致中　殿賦　春秋
王道之權衡

甲科三人

乙科七人

金極齡　父爾表　貫義城　序四

丙科三十一人

禹洪迪　父碩垕　貫丹陽　序五

南至　父天來　貫英陽　序九

朴時泰　字以亨　官察訪　父元圭　判書　矩后　貫咸陽　居寧海　序二十二

庚戌二月十五日庭試榜　命官右相李　檏　弘提　徐命均　參

甲科一人

乙科三人

丙科十六人

辛亥二月十二日庭試榜　策　七弊法制田賦良役軍政錢貨大學朝政逆賊必確正法後稱慶

甲科一人

乙科一人

丙科三人

同年三月十六日咸鏡道別試榜　試官判書尹淳　賦　禮耕　別遣重臣設行

甲科一人

乙科一人

丙科三人

壬子十月初四日庭試榜　頌　本支百世

甲科一人
乙科三人
丙科六人

癸丑九月十五日謁聖榜　命官右相金興慶文衡尹淳御題表　唐李光弼謝爲太尉統八路行營

甲科一人
乙科一人
丙科三人

同年十一月初八日式年榜　壬子式年有故退行命官左相金興慶殿表　漢群臣賀親行勞軍

甲科三人
乙科七人

丙科四十一人

權萬元 字善伯號玉山生 肅宗癸亥官司藝父濂縣監檥
后貫安東居醴泉 序十五

李山斗 字子昻號懶拙齋生 肅宗庚申官知中樞叅耆社諡
淸憲享豊岩院父 贈戶判泌良靖公榟后貫全義
居安東 序十六

金宅魯 字得而號眉洲生 肅宗戊寅官校理父夏龜贈戶叅
以道玄孫貫金海居醴泉 序三十七

甲寅二月二十五日庭試榜

命官右相金興慶弘提宋寅明
表周召虎請矢其文德洽此四
國

甲科一人

乙科一人

丙科四人

同年十月初十日春塘臺榜

命官右相金興慶弘提宋寅明
箋○○羣臣請修明大典復列聖
之舊章培養太學正多士之趍向

甲科一人

乙科一人

丙科三人

乙卯閏四月十三日增廣榜 命官右相金興慶 殿試 周雖舊邦其命維新

甲科三人

乙科七人

金聖鐸 父泰重貫義城 序一

柳正源 父錫龜貫全州 序五

金景泌 字源仲號鶴陰生 肅宗辛巳官兵佐 贈吏叅父 贈吏議汝鍠 贈判書希參后貫義城居安東序六

丙科三十二人

柳觀鉉 字用賓號陽坡生 肅宗壬申官刑議父奉時進士振輝孫提學義孫后貫全州居安東 序八

朴弘儁 (儒)字子敬號槐川生 肅宗甲申官執義父生員泰來叅奉忠基孫大諫承任后貫潘南居榮川 序二十三

李象靖 字景文號大山生肅宗辛卯官吏議 贈吏判諡文敬
享高山院父泰和文靖公 穡后貫韓山居安東 序二十八

同年八月二十九日式年榜 殿賦 讀書如鍊丹

甲科三人

乙科七人

丙科二十七人

琴沃心 父德興貫奉化 序三

南泰運 字和甫生肅宗乙亥官正郎父胤禎縣監勇賚曾孫府
使佑良后貫英陽居義城 序十四

南龍震 字國輔生肅宗戊子官佐郎父弼明判書暉珠后貫英
陽居安東 序二十

鄭東潤 字潤卿號松齋生肅宗丙子官禮正壽嘉善父贈戶
判瑞耇良景公熙啓后貫慶州居聞慶 序二十六

李世震 字亨伯生肅宗庚申官司書父叅奉守約叅奉岐曾
孫文純公滉后貫眞寶居禮安 序二十七

同年十月初十日庭試榜 命官右相金興慶 賦 肇開鴻業

甲科一人

乙科一人

丙科五人

丙辰四月二十日庭試榜　命官右相宋寅明提學趙遠命　表

漢群臣賀長樂宮成

甲科一人

乙科三人

丙科十一人

呂善應　父思周貫咸安

同年九月二十日庭試榜　命官右相宋寅明文衡李德壽　賦

序十一

先知稼穡之艱難乃逸

甲科一人

乙科二人

丙科七人

南泰會　父近明　貫宜寧　序六

同年十月初二日謁聖榜　命官左相金在魯文衡李德壽　殿[illegible]
明倫堂

甲科一人

乙科一人

丙科三人

丁巳三月十四日別試榜　重試對擧命官右相宋寅明文衡李德
壽　殿策　良役

甲科一人

乙科三人

丙科十三人

鄭錫儒　父弘鎰　貫東萊　序二

同年三月十八日重試榜　命官金興慶主文李德壽　制　唐依
韓信故事拜渾瑊副元師

甲科一人

乙科二人

丙科五人

戊午三月十五日年式榜　殿賊　濟濟多士文王以寧

甲科三人

河必淸　字千期號台窩生　肅宗辛巳官察訪父生員世應吏正
受一后貫晋陽居晋州　序三

乙科七人

權尙龍（相）字龍如號兢齊生　肅宗丙戌官掌令父護軍　瀚師
傳　宇后貫安東居尙州　序七

丙科三十一人

金璐　父泰齡貫光州　序五

李慶濟　父鎭萬貫羽溪　序八

尹天覺　父誠貫坡平　序十五

金墪　子臣卿號雙岩生　肅宗丙戌官縣監父弘烈生員可柱
孫文節公淡后貫禮安居榮川　序十六

權達國 字汝直號遜洞　生肅宗壬申官兵正父萬載竹林山海
后貫安東居醴泉　序十九

南濱翼 (翮) 字雲游生　肅宗壬午官都事父峙衡判書暉珠后貫
英陽居安東　序二十二

姜德衢 父晋重貫晋州

己未三月十九日謁聖榜 命官判府使徐命均文衡吳瑗　序二十六　銘
耕根車　御題

甲科一人

乙科三人

丙科六人

同年九月二十七日庭試榜 命官右相俞拓基弘提徐宗伋　御
題　賦內修外攘如直內方外

甲科一人

乙科三人

丙科十五人

庚申四月二十一日庭試榜 命官右相俞拓基弘提趙觀彬藝提
徐宗伋　御題　賦大哉乾元

甲科一人

乙科二人

丙科四人

同年八月初九日謁聖榜　命官領相金在魯文衡吳瑗御題表漢羣臣賀圖畫中興功臣二十八

將於雲臺　御駕臨幸

甲科一人

乙科一人

丙科二人

同年九月初二日松都庭試榜　上幸齊陵厚陵仍幸松都親臨試士　命官領相金在魯賦感

古都

甲科一人

乙科一人

丙科一人

同年十一月初六日增廣榜　命官領相金在魯　殿表○明侍郎丘濬進大學衍義補

甲科三人

乙科七人

丙科四十一人

辛酉十一月十二日式年榜　殿銘　五絃琴

甲科三人

乙科七人

朴斗相　字子昂生肅宗辛卯官監察父同樞　濂武毅公毅長玄孫貫務安居寧海　序六

丙科二十七人

南濟萬　字汝兼生肅宗壬辰父國衡監察　須后貫英陽居慶州　序一

白思淵　(潤)字德哉號香社生肅宗丁丑官司藝父命晌文簡公文寶后貫大興居寧海　序十六

李沂中 字叔精生肅宗丙戌官兵佐父世瑢大憲元祿曾孫工議潤雨后貫慶州居漆谷 序十八

宋心基 父師行貫冶城 序二十二

壬戌九月初九日庭試榜 命官宋寅明 御題策 良役學校軍政用人錢貨

甲科一人

乙科二人

丙科七人

癸亥閏四月初七日謁聖榜 命官左相宋寅明 賦 喜雨觀德

甲科一人

乙科二人

丙科三人

同年四月初一日庭試榜 命官左相宋寅明弘提吳光運 御題殿賦 百兩御之

甲科一人

乙科二人

丙科二十三人

全光濟 父僖大 貫龍宮 序十一

高裕 字順之 號秋潭 生 景宗壬寅 官承旨 享竹谷祠 父奎瑞 司藝 仁繼后 貫開城 居尙州 序十六

甲子三月二十五日庭試榜 試官判書趙尙絅 銘古鏡 御題

甲科一人

乙科二人

丙科七人

同年九月二十五日式年榜 命官兼提學趙觀彬 殿試 岐出 鳴鳳

甲科三人

乙科七人

呂弘杘 父命周 貫星州 序三

李萬恢　父燦　貫延安　序四

丙科二十七人

李世泰　字季道號東屏生　滉后貫眞寶居禮安　肅宗戊寅官參議　父守經文純公　序一

李世師　字象心號晩花軒　貫眞寶居禮安　官知事　父參奉守約文純公滉后　序九

成海龍　父後鱗　貫昌寧　序十一

朴孝彦　父鳳輝　貫潘南　序十三

南相天　字擎仲號浴川生　玄孫判書暉珠后貫英陽居安東　肅宗丙戌官縣監　父振溟護軍煌　序十七

朴泰彦　父就章　貫密陽　序二十七

同年十月十九日庭試榜　命官兼提學趙觀彬　殿賦　謝虎石

甲科一人

乙科一人

丙科四人

乙丑九月十八日庭試榜　命官元景夏　殿賦　吉甫作頌穆如清風

甲科一人

乙科二人

丙科九人

李德海　父廣義　貫德水　序一

趙景觀　父相晉　貫咸安

丙寅閏三月初一日庭試榜　命官左相宋寅明　弘提元景夏　殿表　周羣臣賀麟趾關雎之化　序六

甲科一人

乙科二人

丙科六人

同年閏三月初四日謁聖榜　命官左相宋寅明　弘提元景夏　御題表漢卓茂謝拜褒德侯

甲科一人

乙科一人

丙科三人

同年閏三月初七日重試榜

命官領相金在魯弘提元景夏 御題 詔作舟車以濟不通

甲科一人

乙科二人

權萬 見乙巳增廣 序二

丙科四人

同年四月初十日平安道別試榜

別遣重臣設行與道伯同爲掌試 試官判書李周鎭本道監司李宗城 賦 朝天石

甲科一人

乙科一人

丙科三人

同年七月二十四日春塘臺榜　命官左相宋寅明弘提元景夏　御題　箋○朝宗臣進列朝御製

甲科一人

乙科一人

丙科三人

同年八月十九日咸鏡道別試榜　別遣重臣設行　試官知事權𥛚　賦　開拓六鎭

甲科一人

乙科一人

丙科二人

丁卯三十月六日式年榜　試官右相閔應洙　殿賦　田畯至喜　饁彼南畝

甲科三人

乙科七人

姜潤　父履一　貫晋州　序六

丙科二十四人

宋弘基 字濟萬生肅宗壬戌官典籍父郡守惇監司構后 貫冶城居星州序丘

同年九月十九日庭試榜 命官兼提學趙觀彬 御題 賦 抑戒詩朝夕諷誦

甲科一人

乙科二人

丙科十二人

戊辰三月二十五日庭試榜 命官提學鄭羽良 御題 表 唐公藝謝幸宅門能睦族之道

甲科一人

乙科一人

丙科三人

己巳三月十五日謁聖榜 命官領相金在魯提學鄭羽良 殿賦 觀豊閣

甲科一人

乙科一人

丙科三人

李允郁 父彥謙 貫全州 序二

庚午三月十八日式年榜 鍾 左相金若魯 文衡趙觀彬 殿銘樓

甲科三人

乙科七人

金㙐 字公準號渦睡軒生 肅宗己丑官吏佐陞僉樞 父元烈
生員東柱孫敏節公紡后貫禮安居榮川 序七

丙科四十一人

申聖宅 父光周 貫平山 序四

李忠國 字孝而號晦尤生 肅宗辛卯官郡守選清白吏 父橚
掌令嵊玄孫貞愍公瀣后貫眞寶居禮安 序七

李長泰 字貞叔生 宗乙酉官縣令 父錫三 侍教 蒧玄孫叅
奉德弘后貫永川居榮川 序九

金應濂 字聖希官持平 父以鍍 文忠公誠一后 貫義城居榮川 序十五

閔在汶　父允明　貫驪興　序二十五

黃德潤　父世默　貫昌原　序二十六

權啓應　父晚　貫醴泉　序三十

李憲默　字伯容　號安溪生　肅宗甲午　官叅判　父文元　公彥廸后　貫驪州　居慶州　贈叅判寬中　序三十一

李鳳翼　生丙午　官察訪　父善長　貫延安　居尙州　序三十三

同年九月初十日謁聖榜　命官右相鄭羽良　藝提李天輔　殿賦　明命赫然

甲科一人

乙科一人

丙科三人

同年九月二十日溫陽庭試榜　本月十二日　上幸溫陽　試浴二十日　親臨試士　卽日放榜

官右相鄭羽良　弘提元景夏　殿賦　令朝竹牖向陽開

甲科一人

乙科一人

丙科五人

辛未二月十八日庭試榜　命官判書趙觀彬提學元景夏　殿賦
孝悌也者爲仁之本

甲科一人

乙科二人

李海鎭　父仁□　貫星州　序一

丙科七人

同年九月十九日庭試榜　命官兼提學李天輔　殿賦　咬得菜
根

甲科一人

乙科三人

丙科二十人

李碩九　字成汝號東溪生景宗辛丑官執義父爾膺正字廷賢
玄孫星山伯能一后貫星山居星州　序十四

壬申九月二十日庭試榜　命官判書申晩　殿賦　愛親敬長　修齊之本

甲科一人

乙科三人

丙科二十人

癸酉二月初八日謁聖榜　命官左相李天輔　提學金尚星　表（明丘濬進大學衍義

甲科一人

乙科二人

丙科四人

同年二月三十日庭試榜　命官左相李天輔　殿賦　瑟彼玉瓚　黃流在中

甲科一人

乙科二人

李世澤　字孟潤號釣隱生　肅宗丙申官大憲父　贈吏參守恒　贈吏議　繫孫文純公　滉后貫眞寶居禮安序一

丙科九人

同年十月十七日庭試榜　命官左相李天輔　御題　賦艸龍珠帳

甲科一人

乙科三人

丙科十一人

同年十月二十九日式年榜　殿賦　定太陽出八

甲科三人

乙科七人

丙科二十六人

鄭錫台　字晉卿號眞谷生　肅宗癸巳官典籍父履祥　贈吏判
龜齡后貫東萊居安東　序二

李級　字子明號聾隱生　景宗辛丑官執義父敏政進士　出
玄孫貞愍公　瀣后貫眞寶居禮安　序三

金宇礪　字用汝號龍窩生　肅宗庚辰官判校父夏龜　贈戶叅
以道后貫金海居禮泉　序二十

甲戌二月十五日道科庭試榜 命官判書申晩 御題賦 緝熙敬止

甲科一人

乙科二人

丙科五人

同年閏三月初三日增廣榜 御題殿箋○○廟堂之臣請嚴科規正士習

甲科三人

乙科七人

丙科三十人

金著耇 父光進 貫廣州 序六

金夢華 序十二

黃鱗来 父徽 貫昌原 序十八

南錫老 字伯輝 號禮淵 生己酉 官禮佐 父命新 監察 須后 貫英陽 居大邱 序十九

朴重慶　父成德　貫咸陽　序二十二

李　檳　父濟時　貫驪州　序二十四

趙錫愚　父時經　貫豊壤　序二十六

鄭國臣　父宗仁　貫草溪　序二十七

乙亥三月十九日咸鏡道別試榜　試官判書趙榮國　御題　賦　協和萬邦

甲科一人

乙科一人

丙科五人

同年五月初二日庭試榜　命官申晚　御題　賦　經始靈臺

甲科一人

乙科二人

丙科七人

同年九月二十五日庭試榜　命官左相李天輔弘提鄭翬良　御題　賦　玄酒大羹

甲科一人

乙科三人

丙科十一人

丙子三月十五日庭試榜　命官判府事李宗城　御題　賦　日監在玆

甲科一人

乙科三人

丙科三十一人

金履常　字懋叔號睡窩生　肅宗戊戌官持平父生員國采副提學宇宏后貫義城居尚州　序四

同年七月初八日耆老庭試榜　命官右相申晩　御題　賦　善養老

甲科一人

乙科二人

丙科三人

同年閏九月十一日式年榜　殿表　漢趙元國進金城方畧

甲科三人

乙科七人

丙科二十八人

李時逸　字敬安號閑窩生　后貫月城居慶州　景宗辛亥官兵佐父基培判書　序八　良

安景說　字殷老號愼庵生　后貫廣州居永川　肅宗壬辰官監察父汝器說書　序九　嶒

趙錫龍　父麟經貫豊壤　序十四

南龍見　字德中生　后貫英陽居安東　肅宗甲申官正郞陞僉樞父以復判書暉珠　序十九

趙錫穆　父徦經貫豊壤　序二十五

張受容　父興玉貫仁同　序二十七

同年閏九月二十六日庭試榜　命官判府事李宗城　御題　策

元會

甲科一人

乙科二人

丙科五人

丁丑八月二十九日庭試榜　命官判書李鼎輔　御題　賦　題
欲孝誰爲孝

甲科一人

乙科二人

丙科十二人

權正忱　字子誠號半庵生　肅宗庚寅官說書　贈大學謚忠憲
父蘁忠定公　機后　貫安東居安東　序三

同年九月十一日庭試榜　命官判書洪象漢　御題　論　三代
氣像何比管樂

甲科一人

乙科二人

丙科五人

同年九月十七日重試榜　主文李鼎輔　御題　表漢張良謝封留侯

甲科一人

乙科二人

丙科四人

已卯四月初三日式年榜　殿銘　金鑑

甲科三人

乙科七人

丙科四十六人

姜　瀚　父文潤貫晋州　序二

李光培　字實之號潭谷生肅宗乙未官正言父周翊贈兵叅介立玄孫文靖公達衷后貫慶州居榮川　序十

金必源　父瑞庭貫豊山　序十一

崔光璧　父壽仁貫全州　序十二

金宗九 字天成號云庵生壬子官典籍父參應進士光粹后貫安東居義城 序十五

鄭必忠 父重垈貫東萊 序十七

申宅和 字子安號東湖生戊申官禮正父光楚參議蘋后貫平山居義興 序二十五

同年七月二十二日別試榜 命官弘提奐遂采 御題 賦 憶耆老科

甲科一人

李晚榮 字德彥號適窩生 肅宗丁酉官兵佐父廷立進士德符后貫廣州居漆谷 序一

甲科二人

丙科九人

趙進道 字聖與號磨岩生 景宗甲辰父喜堂承旨德鄰孫進士廷衎玄孫臯敬公溍后貫漢陽居英陽 序五

同年七月二十五日謁聖榜 命官黃景源

甲科一人

乙科二人

丙科三人

同年八月初十日庭試榜

甲科一人

乙科二人

丙科八人

辛巳九月二十八日庭試榜　命官提學李鼎輔　殿策　科制

甲科一人

乙科三人

丙科二十七人

李若采　父仁恒　貫仁川　序十五

洪龜瑞　父宇泰　貫南陽　序二十一

壬午三月二十日二謁聖榜　命官右相尹東度提學李鼎輔　御題　表周康叔封謝爲衛候

甲科一人

乙科一人

丙科一人

同年四月十二日式年榜　殿賦　德輪如毛

甲科三人

乙科七人

成彦楫　字用汝號南崖生壬子官典籍陞通政父澤清白吏安義后貫昌寧居順興　序二

許銖　父塤貫陽川　序三

宋東胤　字夏承號西溪生己酉官典籍父亨泰樂正道感后貫楊州居榮川　序四

丙科二十七人

任玉　字汝成官縣監父芳世貫豊川居慶州　序二十

李泰宇　父恒春貫星州　序二十三

同年七月二十八日庭試榜　命官金陽澤　殿表漢霍光謝拜大司馬大將軍

甲科一人

乙科二人

丙科十四人

癸未正月初八日耆老庭試榜　特命文武七十以上赴試卽日放榜一榜盡陞通政　御題　賦　詢玆黃髮

甲科一人

乙科二人

丙科三人

同年十月二十二日增廣榜　聖壽七十即位四十年合二慶設行　命官左相尹東度文衡李鼎輔

御題　殿論扶杖聽詔　親臨慶熙宮設張幕面試各以八格人製呈

甲科三人

嶠南科榜錄卷之二　六十五

乙科七人

丙科四十三人

李顯靖　父再和　貫韓山　序二十四

權　炳　父世楷　貫安東　序二十七

金養根　字善五　號東林　生甲寅　官刑議　父知中樞宇淳　吏議　瑛后　貫安東　居安東　序四十三

甲申二月初九日忠良試榜

以○明淪亡三回甲之年命忠良子孫赴試

命官領相洪鳳漢　文衡李鼎輔　御題　賦　風泉

甲科一人

乙科一人

丙科一人

同年二月二十八日江華別試榜

試官判書金陽澤　御題　賦　抑爲保障

甲科一人

乙科一人

丙科二人

同年四月初一日庭試榜　命官領相洪鳳漢文衡李鼎輔　御題

賦　利見大人

甲科一人

乙科二人

丙科二人

乙酉三月初六日式年榜　命官右相金相福　殿賦　此年此科

於戱幾回追憶昔年臨殿興懷

甲科三人

乙科七人

丁志遠　父述愼貫押海　序三

丙科四十二人

邊得龍　父有達貫原州　序六

孫錫讜　字士顯號燕窩生　肅宗庚子官嘉善父　贈戶叅胤初　僉正　亢后貫密陽居昌原　序八

權應奎　字伯宗生辛丑官掌令父僉樞　黃文忠公　近后貫安東居永川　序九

金若龜　字順則生　肅宗壬午官監察陞僉樞父校理華重　贈戶叅以道曾孫貫金海居醴泉　序四十一

同年三月二十八日謁聖榜　命官左相金相福弘提徐命膺　御題　賦　子曰吾與點也

甲科一人

乙科一人

丙科三人

丙戌九月二十九日庭試榜　命官左相金相福弘提黃景源　殿賦　暮年自省益勉二字

甲科一人

乙科二人

丙科十八人

禹禎玉　父叙疇貫丹陽　序六

同年三月初四日重試榜　命官左相金相福　御題　臣受九章八音之賜　箋○○羣

甲科一人

乙科二人

丙科七人

李萬恢　見甲子式年

同年庭試榜　命官判書金陽澤　御題　忠孝　序一
除初試及講經一依古庭試規例　自今以後永

甲科一人

乙科二人

丙科七人

同年九月二十八日庭試榜　命官右相金致仁文衡黃景源　御
題停車坐愛楓林晚

甲科一人

乙科二人

丙科十七人

鄭好仁　序一

具性玉　父麟仁　貫綾州　序十六

丁亥三月十六日庭試榜　命官領相徐志修　弘提徐命膺　御題箋　○○太學生賀親耕親蚕教民衣食

甲科一人

乙科一人

丙科一人

同年九月十八日謁聖榜　命官領府事尹東度　御題　庶民子來

甲科一人

乙科二人

丙科七人

同年十二月十六日重試榜　命官領相金致仁文衡黃景源　御題賦憶昔追慕萬倍　御考

甲科一人

乙科二人

丙科三人

戊子三月初十日式年榜　命官領相金致仁　御題親極滋味　親臨

甲科三人

乙科七人

姜錫龜　字洛瑞號鶴岩生丙午官翰林亨紫溪院父贈吏判震煥判決事汝㮤會孫殷烈公民瞻后貫晋州居金山序五

丙科四十七人

呂弘幹　父緯周貫星州　序十二

鄭秉濟　父龜海貫晋州　序三十八

李鼎揆　字公宅號養閑堂生乙卯官大憲父贈吏參憲一文元公彥廸后貫驪州居慶州　序四十一

同年庭試榜 命官金尙喆 御題 賦 春塘秋色古今同

甲科一人

乙科二人

丙科五人

己丑飾喜庭試榜 命官金尙喆 御題 賦 至誠相孚予見文孫

甲科一人

乙科一人

丙科一人

同年耆老庭試榜 命官金陽澤 主文鄭存謙 前監役黃晙 八格以封內不書年違格拔去 上嗟惜不已過數日別設耆科出惜遺珠賦題取黃晙李台爽尹得勳三人直赴

甲科一人

乙科二人

丙科二人

同年九月初十日庭試榜　御題　賦　吾民衣與食在蚕在耕

甲科一人

乙科二人

丙科十二人

甲科一人

庚寅十二月初三日庭試榜　命官金致仁　御題　賦　蒼蠅月光

乙科三人

丙科十三人

申𣜴　父思億貫平山

辛卯二月二十日庭試榜　命官金陽澤　御題　賦　序十二　我愛其禮

甲科一人

乙科二人

丙科十一人

同年三月十一日式年榜

命官左相韓翼謩　御題　賦　大而心欲小　胆欲

甲科三人

乙科七人

丙科六十四人

金尚敏　字子行號晩庭生己未官別檢父大護軍聖龜　贈戸叅　以道后貫金海居醴泉　序三十

柳𣞁　字建仲生丁巳官禮正父得源貫晋州居尙州　序三十六

鄭衡臣　字德彦生乙巳官察訪父錫輔叅奉憲世玄孫判官澤　后貫晋陽居尙州　序四十六

鄭宅東　父泓貫東萊　序五十七

安景漸　字正進號冷窩生　景宗壬寅官佐郎父信亨司諫　后貫廣州居密陽　序六十二　靚

同年十月二十七日庭試榜

命官金陽澤主文黃景源　賦　戒　深太康

甲科一人

乙科三人

丙科十六人

壬辰二月十二日耆老庭試榜　命官金尚喆　御題　表〇〇耆耉諸臣進衛武公抑戒詩以聖

上閤日重回設耆老科於舊闕卽日放榜於孝章宮年六十以上赴擧試官亦以六十以上差出

甲科一人

乙科二人

丙科二人

同年八月初二日蕩平別試榜　命官元仁孫　御題　賦　无黨偏王道蕩蕩　无偏无黨王道

平平

甲科一人

乙科二人

丙科七人

同年九月二十日庭試榜　命官元仁孫主文黃景源　御題　賦
坐南薰殿弄五絃琴

甲科一人

乙科三人

丙科十一人

癸巳閏三月十二日增廣榜　命官金陽澤　御題　賦　仁親以爲寶

甲科三人

乙科七人

丙科五十人

李益海　父徽中貫德水　序五

朴天衡　父福源貫密陽　序八

趙普陽　父元益貫漢陽　序十六

趙錫晦 父葵陽 貫漢陽 序三十

南必錫 父鼎九 貫宜寧 序三十一

同年十月十八日庭試榜 命官右相元仁孫 主文徐命膺 御題 賦 瞻彼淇澳綠竹猗猗

甲科一人

乙科三人

丙科十六人

甲午正月十五日登俊試榜 命官領相金相樞 御題箋〇〇經筵官進二典三謨於勤政殿

甲科三人

乙科三人

丙科九人

李萬恢 見甲子式年 序三

同年三月十六日式年榜 賦 有志者事竟成

甲科三人

金振久 字而玉號隱谷生甲子官兵佐父寅鍵文簡公就文后貫善山居善山 序一

乙科七人

洪瀷 字淸仲號玄岩生丙辰官掌令父有圭文正公彦博后貫南陽居軍威 序五

丙科三十六人

李敬裕 字義夾生丁卯官持平父同樞漢弼忝奉苓后貫宣城居安東 序十二

金玄奭 父兌健貫淸道 序十六

孫處仁 官正字父翼大貫一直居慶州 序二十四

曺文權 父雲貫昌寧 序二十七

同年八月二十日庭試榜 命官申晦主文徐命膺賦與歲同春

甲科一人

乙科三人

丙科十六人

朴天行 字汝健 生己酉 官大諫 父春曾 府尹 守弘 后貫密陽 居善山 序五

同年十月初三日咸鏡道別試榜 試官鄭尙淳 賦 咸吉道 別遣重臣設行

甲科一人

乙科一人

丙科四人

同年十月初三日平安道別試榜 試官金鍾正 賦 元元 別遣重臣設行

甲科一人

乙科一人

丙科四人

同年十一月二十八日增廣榜 賦 臘雪驗豊上辛祈穀

甲科三人

乙科七人

南基禹 字伯温號默山生庚戌官正言父國珪監察 須后貫英陽居寧海 序二

丙科三十四人

李敬彬 父福海貫德水 序二

金若鍊 字幼成號斗庵生庚戌官左承旨父生員 墀敏節公玏后貫禮安居榮川 序十五

李埦 字致道號艮岩生庚申官校理贈典翰父文敬公象靖文靖公穡后貫韓山居安東 序十七

金宗敬 字直甫號苟齋生壬子官持平父南應進士光粹后貫安東居義城 序二十六

姜栳 父 憲貫晋州 序二十九

乙未五月二十六日庭試榜 命官申晦 上文李徽之 御題五倫中忠孝先上候平復 親臨

舊闕試翌日出榜丁酉七月二十五日原榜因傳教削甲辰庚戌兩年次次復科

甲科一人

乙科三人

丙科三十人

同年八月十六日庭試榜　命官李益炡　主文李徽之　表東漢中興諸將謝圖二十八將凌烟雲臺

甲科一人

乙科三人

丙科十六人

同年九月初三日新舊製追殿試榜　命官李潵　主文李徽之　賦坐南薰殿元凱侍

甲科一人

乙科一人

丙科三人

同年十一月十六日求賢科榜　賦夢得良弼未及設場前因特教勿爲殿試以直赴次第依例書八
啓下雖直赴中旣得求賢之意特除同副承旨以甲科爲首事傳教

甲科一人

乙科一人

丙科三人

同年十二月十二日庭試榜 命官金尙喆 主文李福源 賦一人 元良萬邦以貞 親臨崇政殿

甲科一人

乙科三人

朴忠煥 父起采 貫密陽 序三

丙科十二人

丙申二月十三日耆老庭試榜 命官韓翼謩 主文李徽之 頌 豐年

甲科一人

乙科一人

丙科一人

嶠南科榜錄龍榜卷之二終